GUTACHTERLICHE FALLBEARBEITUNG IM ÖFFENTLICHEN RECHT

inkl. ausformulierter Falllösungen

Die Studieninstitute
für kommunale Verwaltung in NRW

Die Studieninstitute
für kommunale Verwaltung in NRW

Studieninstitut für kommunale Verwaltung Aachen
Aachen • Düren • Heinsberg

STUDIEN INSTITUT RUHR

Studieninstitut
Landeshauptstadt Düsseldorf

DUISBURG am Rhein
Studieninstitut

Studieninstitut für kommunale Verwaltung Emscher-Lippe

STADT ESSEN

Studieninstitut
für kommunale Verwaltung

Südwestfälisches Studieninstitut
für kommunale Verwaltung

rheinstud

S.I.N.N
STUDIENINSTITUT
NIEDERRHEIN

SHS

stiwl
Studieninstitut Westfalen-Lippe
innovativ · kompetent · vielfältig

Bergisches
Studieninstitut

Felix Krämer | Helmut Brandt

GUTACHTERLICHE FALLBEARBEITUNG IM ÖFFENTLICHEN RECHT

inkl. ausformulierter Falllösungen

Maximilian Verlag
Hamburg

Bibliografische Information der Deutschen Nationalbibliothek
Die Deutsche Nationalbibliothek verzeichnet diese Publikation in der Deutschen Nationalbibliografie; detaillierte bibliografische Daten sind im Internet über https://portal.dnb.de abrufbar.

Redaktionsstand: 31.10.2025

ISBN 978-3-7869-1555-3

Stadthausbrücke 4, 20355 Hamburg
Ein Unternehmen der TAMMMEDIA
herstellung@koehler-mittler.de

Produktion: Reemers Publishing Services GmbH, Luisenstr. 62, 47799 Krefeld
Umschlaggestaltung: Marisa Tippe
Druck und Weiterverarbeitung: UnitedPress SIA
Vestienas iela 20, Latgales priekšpilsēta, Rīga, LV-1035

NORDIC ECOLABEL 3041 0947 UnitedPress

FSC www.fsc.org FSC® C216080

Printed in Europe

Inhalt

VORWORT

Im Rahmen unserer hauptamtlichen Dozententätigkeit beim Studieninstitut für kommunale Verwaltung in Hagen fällt uns zunehmend in unterschiedlichen Kursen auf dem Niveau des Verwaltungslehrgangs I („mittlerer Dienst“) sowie des Verwaltungslehrgangs II („gehobener Dienst“) auf, dass die gutachterliche Fallbearbeitung für viele Kursteilnehmer[1] eine große Herausforderung darstellt. Der Gutachtenstil ist als juristisch-methodisches Werkzeug ein Grundbaustein in der juristischen (Sach-)Bearbeitung und damit auch für die fachpraktische Arbeit in der (kommunalen) Verwaltung unerlässlich zu beherrschen.

Dieses Lehrbuch verfolgt das Ziel, den Kursteilnehmern den Gutachtenstil anschaulich zu erklären und anhand von gutachterlich ausformulierten Lösungen zu unterschiedlichen Rechtsgebieten des öffentlichen Rechts das Gespür für die gutachterliche „Denklogik“ zu schärfen. Es versteht sich nicht primär als inhaltliches Lehrbuch zu den einzelnen Rechtsgebieten, auch wenn natürlich diverse relevante juristische Definitionen und Prüfungsschemata den hier ausformulierten gutachterlichen Lösungen zugrunde liegen. Insofern verstehen sich die hiesigen Lösungen als Lösungsvorschläge. Es wird nicht verkannt, dass auch mit abweichenden Definitionen oder Prüfungsschemata gearbeitet werden könnte.

In erster Linie richtet sich das Lehrbuch vor allem an Auszubildende, Kursteilnehmer und Studierende in der öffentlichen Verwaltung auf VL-I- und VL-II-Niveau. Es ist darüber hinaus aber auch für alle anderen Personen geeignet, die auf der Suche nach einem Werk sind, welches über die Erklärung der juristisch-methodischen, gutachterlichen Vorgehensweise hinaus auch noch ausformulierte Beispiele aus unterschiedlichen Rechtsgebieten des öffentlichen Rechts beinhaltet.

Da die Aneignung des Gutachtenstils regelmäßig nur über eigenständiges Ausformulieren und Übung gelingt, wird empfohlen, die in diesem Buch behandelten Sachverhalte vor Sichtung des Lösungsvorschlages zunächst selbstständig gutachterlich zu bearbeiten. Durch die Einbindung unterschiedlicher Rechtsgebiete des öffentlichen Rechts kann das Buch damit über die gesamte Ausbildungsdauer begleitend verwendet werden.

Hagen, Oktober 2025
Felix Krämer, Helmut Brandt

---

1 In diesem Buch wird das generische Maskulinum verwendet. Gemeint sind alle Geschlechter.

1 Der Gutachtenstil

In der juristischen Arbeitsweise ist der Gutachtenstil ein unverzichtbarer Bestandteil. Um ihn in Prüfungen anwenden zu können, bedarf es einiger Schreibübungen im Vorfeld. Aber bereits vorab soll hier deutlich werden, dass der Gutachtenstil nicht lediglich für Prüfungen einzustudieren ist und anschließend wie ggf. die eine oder andere auswendig gelernte Definition wieder „vergessen“ werden darf. Vielmehr ist der Gutachtenstil nicht nur eine Prüfungsform, sondern spiegelt eine juristische Denk- und Arbeitslogik wider und ist vor allem auch praxisrelevant.

Es ist bspw. auf der Ebene der Sachbearbeitung unerlässlich für die gewissenhafte und rechtmäßige Aufgabenerfüllung, den Gutachtenstil zu beherrschen. Denn nur so ist es möglich, eine einwandfreie Aktenführung mit Aktenvermerken und Rechtsprüfungen zu gewährleisten. Im Rahmen des Verwaltungsverfahrens taucht der Gutachtenstil also bei der Prüfung der beabsichtigten Maßnahmen auf. Egal, ob Anträge bei Ihnen eingehen oder Sie das Verwaltungsverfahren gemäß § 22 Verwaltungsverfahrensgesetz NRW (VwVfG NRW) von Amts wegen beginnen oder eine Führungskraft von Ihnen eine „Prüfung der Handlungsmöglichkeiten“ verlangt, hilft Ihnen der Gutachtenstil bei der lückenlosen Lösung des Problems.

Dass der Gutachtenstil tatsächlich nur eine „Denklogik“ ist und unproblematisch auch außerhalb der juristischen Sachbearbeitung Anwendung findet, zeigt folgendes einfaches Einstiegsbeispiel:

1.1 ERKLÄRUNG ANHAND EINES „TÜV“-GUTACHTENS

Stellen Sie sich vor, die Hauptuntersuchung (HU) Ihres Kfz ist fällig. Sie vereinbaren einen Termin bei einer anerkannten Prüfstelle und bereits auf dem Weg dahin kreisen sich Ihre Gedanken nur um die eine Frage: „Ob mein Auto wohl eine neue Plakette bekommt?“ Der anerkannte Kfz-Prüfer übernimmt Ihr Auto und informiert Sie, dass die **Prüfung** nun etwa 30 Minuten dauern werde und schickt Sie derweil in die Kaffeepause.

Als der Kfz-Prüfer Ihr Auto anschaut, stellt er sich zu Beginn genau die gleiche Frage, welche Sie sich auf dem Weg zur Prüfstelle schon gestellt haben: „Ob dieses Auto wohl eine neue Plakette bekommt?“ Die Aufgabe des Prüfers ist es nun, diese Frage zu beantworten und dabei auch kein Detail zu übersehen. Er fertigt also ganz im Sinne unseres Themas ein **Gutachten** an.

Das Gutachten beginnt stets mit der aufzuwerfenden Fragestellung und endet mit der daraus abgeleiteten Antwort – dem Ergebnis. Charakteristisch ist also, und daraus ergibt sich automatisch die „Denklogik“ des Gutachtenstils, dass das Ergebnis zu Beginn der Prüfung noch unbekannt ist.

Obersatz Die zu beantwortende (Haupt-)Frage, ob das Kfz eine neue Plakette bekommt, wird im Gutachtenstil **Obersatz** genannt. Stilistisch wird diese Frage allerdings nicht mit einem „?“ gestellt, sondern vielmehr umformuliert in eine Aussage. Darüber hinaus ist es sinnvoll, auf den konkret vorliegenden Fall, hier also das explizit zu untersuchende Auto, Bezug zu nehmen. Es eignen sich also bspw. folgende Varianten:

Fraglich ist, ob der rote VW Polo, Baujahr 2015, von Herrn Mustermann mit dem amtlichen Kennzeichen HA – XY 1234 eine neue Plakette bekommt.

Zu prüfen ist, ob eine neue Plakette auf die Kennzeichen HA – XY 1234 des roten VW Polo, Baujahr 2015 von Herrn Mustermann zu kleben ist.

Der Arbeitsauftrag des Prüfers ist damit nun klar, die zu beantwortende Frage wurde aufgestellt. Lesen Sie die beispielhaften Obersätze jetzt noch einmal.

Definition Sie fragen sich nun, was die Voraussetzungen für eine neue Plakette sind? Dies zu klären, ist der nächste Schritt im Gutachten. Der Prüfer weiß, das Kfz muss verkehrssicher sein, damit es eine neue Plakette bekommt.

Dazu müsste das Kfz verkehrssicher sein.

Um die Verkehrssicherheit abschließend beurteilen zu können, greift der Prüfer auf sein Klemmbrett mit der Checkliste aus über 150 Prüfpunkten zurück.

- ...
- Funktioniert die Hupe?
- Funktionieren sämtliche Leuchten?
- Ist die vorgeschriebene Mindestprofiltiefe von 1,6 mm an allen Reifen vorhanden?
- ...

Im Rahmen der Definition wird also der Idealzustand beschrieben, der für die positiv zu beantwortende Frage vorliegen müsste. Es wird der Konjunktiv verwendet. Hinsichtlich der juristischen Gutachten sei darauf hingewiesen, dass an dieser Stelle regelmäßig Gesetze zu zitieren sind.

Der Kfz-Prüfer wird nun jeden Punkt der Checkliste nacheinander abarbeiten. Er stellt sich bei jedem Prüfungspunkt erneut die Frage, ob dieser vorliegt oder nicht. Im Rahmen seines Gesamtgutachtens („Bekommt das Kfz eine neue Plakette?“) macht er also nun über 150 „Minigutachten“. Streng genommen beginnen diese Prüfungen dann erneut mit einem Obersatz, in der Gesamtfragestellung der neuen Plakette sind wir jedoch schematisch weiterhin in der Definition. Folgende Formulierungen veranschaulichen dies:

Zunächst müsste die Hupe funktionsfähig sein.

Zu prüfen ist, ob auch sämtliche Leuchten funktionieren.

Gemäß § 36 Abs. 3 Satz 4 Straßenverkehrszulassungsordnung (StVZO) müsste das Hauptprofil am ganzen Umfang eine Profiltiefe von mindestens 1,6 mm aufweisen.

Vor allem das Beispiel mit der Mindestprofiltiefe zeigt aufgrund seines gesetzlichen Bezuges die Vorgehensweise des Zitierens von Rechtsnormen. Diese werden nicht einfach „abgeschrieben", sondern vielmehr in den eigenen grammatikalischen Kontext eingebettet.

Subsumtion

Die richtige Arbeit des Kfz-Prüfers beginnt eigentlich erst dann, wenn er das Fahrzeug auch wirklich begutachtet. Also die Hupe, das Licht, die Bremsen etc. auf Funktionsfähigkeit prüft und die Reifenprofiltiefe misst. Er schaut sich das jetzt vorliegende Kfz im Einzelfall an und überprüft, ob die zuvor und auf der Checkliste aufgeführten Punkte des Idealzustandes erfüllt sind. Dieser Schritt wird im Gutachten **Subsumtion** genannt. (Gesetzlicher) Idealzustand, also der definierte Zustand, und der tatsächlich im vorliegende Fall vorzufindende Zustand werden „übereinandergelegt". Wenn beides „deckungsgleich" ist, es im vorliegenden Fall „passt", macht der Kfz-Prüfer sein Häkchen auf der Checkliste und geht zum nächsten Punkt weiter.

Im Gutachtenstil eignet sich das Wort „hier", um nach der Definition in die Subsumtion einzusteigen:

Hier ertönt beim Fahrzeug des Herrn Mustermann ein lautstarkes Warnsignal beim Betätigen der Hupe.

Das Abblendlicht, Fernlicht und die Blinker funktionieren hier bei diesem Auto. Die Bremsleuchte ist trotz Betätigung der Bremse nicht funktionsfähig.

Die Reifen des roten VW Polo, Baujahr 2015 weisen alle eine Profiltiefe von 4 mm auf.

Es dürfte bereits deutlich werden, dass die Subsumtion das Kernstück des Gutachtens ist. Nicht nur der Kfz-Prüfer muss hier ordentlich arbeiten, um am Ende auf das richtige Ergebnis zu kommen, in der juristischen Anwendung ist es hier Ihre Arbeit, Sachverhalte im Einzelfall zu prüfen und richtig zu subsumieren.

Darf der Kfz-Prüfer wohl mit seiner Prüfung aufhören, wenn er festgestellt hat, dass die Bremsleuchte nicht funktionsfähig ist? Natürlich prüft er bis zum Ende weiter, um ein umfassendes Gutachten abgeben zu können.

Ergebnis

Nachdem der Kfz-Prüfer die Hupe auf Funktionsfähigkeit geprüft hat, schließt sich eine logische Schlussfolgerung an, er hakt den Prüfungspunkt auf seiner Liste ab. Diese (Zwischen-)Ergebnisse ergeben sodann am Ende des Gutachtens das Gesamtergebnis, welches ebenfalls regelmäßig mit dem Wort „folglich" eingeleitet werden kann:

Folglich ist die Hupe funktionsfähig.

Es sind also nicht sämtliche Leuchten funktionsfähig.

Folglich entsprechen die Reifen den gesetzlichen Mindestanforderungen.

Wegen der nicht funktionsfähigen Bremsleuchten ist das Auto insgesamt nicht verkehrssicher. Es bekommt somit keine neue Plakette.

Gesamtgutachten

Insgesamt ausformuliert klingt das Kfz-Gutachten dann so:

Fraglich ist, ob der rote VW Polo, Baujahr 2015, von Herrn Mustermann mit dem amtlichen Kennzeichen HA – XY 1234 eine neue Plakette bekommt.

Dazu müsste das Kfz verkehrssicher sein.

Zunächst müsst die Hupe funktionsfähig sein. Hier ertönt beim Fahrzeug des Herrn Mustermann ein lautstarkes Warnsignal beim Betätigen der Hupe. Folglich ist die Hupe funktionsfähig.

Zu prüfen ist, ob auch sämtliche Leuchten funktionieren. Das Abblendlicht, Fernlicht und die Blinker funktionieren hier bei diesem Auto. Die Bremsleuchte ist trotz Betätigung der Bremse nicht funktionsfähig. Es sind also nicht sämtliche Leuchten funktionsfähig.

Gemäß § 36 Abs. 3 Satz 4 Straßenverkehrszulassungsordnung (StVZO) müsste das Hauptprofil am ganzen Umfang eine Profiltiefe von mindestens 1,6 mm aufweisen. Die Reifen des roten VW Polo, Baujahr 2015 weisen alle eine Profiltiefe von 4 mm auf. Folglich entsprechen die Reifen den gesetzlichen Mindestanforderungen.

Wegen der nicht funktionsfähigen Bremsleuchten ist das Auto insgesamt nicht verkehrssicher. Es bekommt somit keine neue Plakette.

Abgrenzung Bescheidstil bzw. Urteilstil

Als Sie aus Ihrer Kaffeepause zurück zu Ihrem Auto kehren, wollen Sie sofort Ihre Frage nach der neuen Plakette vom Kfz-Prüfer beantwortet wissen. Sie interessieren sich naturgemäß erstmal nur für das Ergebnis, also für den Teil, der im Gutachten des Kfz-Prüfers ganz am Ende steht.

Der Kfz-Prüfer teilt Ihnen sodann mit, dass er keine neue Plakette an die Nummernschilder anbringen konnte, **weil** Ihr Auto nicht verkehrssicher ist. Sodann erklärt er Ihnen, dass dies daran liegt, **dass** die Bremsleuchten nicht funktionsfähig sind.

Bei der Ergebnispräsentation durch den Kfz-Prüfer wird nun deutlich, er befindet sich jetzt in einer Denklogik der **Begründung**. Er begründet seine getroffene Entscheidung, das zuvor durch Gutachten und Prüfung herausgefilterte Ergebnis wird erklärt. Diesen Schreibstil haben Sie in Ihren Bescheiden zu verwenden. Im Tenor zu Beginn des Bescheides wird das

Ergebnis genannt, welches sodann gemäß § 39 Abs. 1 VwVfG NRW in tatsächlicher und rechtlicher Hinsicht zu begründen ist.

Für Ihre gutachterliche Prüfung ist es wichtig, auf die für den Bescheidstil typischen Signalwörter „weil“ oder „da“ zu verzichten.

Folgendes **Negativbeispiel** dient zur Veranschaulichung:

[...] Dazu müsste das Kfz verkehrssicher sein.

Die Reifen entsprechen den gesetzlichen Voraussetzungen, weil sie 4 mm Profiltiefe haben. Es würden nach § 36 Abs. 3 Satz 4 StVZO nur 1,6 mm ausreichen.

Hier fällt nicht nur die Verwendung des Bescheidstils durch das Wort „weil“ auf, sondern auch die unzureichende Zitierweise der gesetzlichen Vorschrift. Die Rechtsnorm wird nicht hinreichend wiedergegeben.

Umfang im Gutachtenstil

Achten Sie im Gutachten auf eine ausgewogene Ausführlichkeit. Hier sind oft etwas Übung und Erfahrung notwendig, um die Schwerpunkte im Gutachten zu erkennen, also einerseits nicht zu schnell problematische Stellen zu bejahen oder anderseits in übertriebener Form alles zu hinterfragen.

Erneut dienen folgende **Negativbeispiele** der Veranschaulichung:

Zu prüfen ist, ob die Reifen die Mindestprofiltiefe erfüllen. Hier handelt es sich um neuwertige Sommerreifen, welche noch keine 5.000 km gefahren wurden. Folglich sind die Reifen in Ordnung.

Fraglich ist, ob das Auto überhaupt Reifen hat.

Ein Autoreifen ist ein ringförmiges Bauteil aus Gummi (Natur- und Synthesekautschuk), das auf die Felge eines Autos montiert wird und für den Kontakt zwischen Fahrzeug und Fahrbahn sorgt.

Bei der Prüfung der Mindestprofiltiefe wurde ohne Darlegung der Rechtsnorm gearbeitet. Im zweiten Fall wurde unnötigerweise die Frage aufgeworfen, ob das Fahrzeug überhaupt Reifen hat. Sollte es im Sachverhalt Anhaltspunkte für Zweifel an der Reifeneigenschaft geben (z.B. weil es sich um ein Schienenfahrzeug handelt), mag die ergänzende Definition notwendig sein, in unserem Beispiel und Kontext verdeutlicht sie jedoch die übertriebene Nutzung des Gutachtenstils, in dem alles hinterfragt wird. Insofern achten Sie bei der Anwendung des Gutachtenstils auf eine sachgerechte Ausführlichkeit.

1.2 KURZ UND KNAPP ZUSAMMENGEFASST

Der Gutachtenstil hilft als „Denklogik" dazu, eine Fragestellung lückenlos zu beantworten. Er besteht aus **Obersatz, Definition, Subsumtion, Ergebnis.**

Dabei ist nicht jeweils immer nur ein Satz zu schreiben. Die Definition besteht oftmals aus mehreren Tatbestandsmerkmalen, dies zeigt bereits das Beispiel mit dem Kfz-Gutachten. Innerhalb der Definition können dann neue Obersätze und somit weitere „Minigutachten" auftauchen, sodass sich innerhalb der Definition die Reihenfolge aus Obersatz, Definition, Subsumtion und Ergebnis wiederholen kann. Hier ist zwar etwas Übung gefragt, allerdings sollten Sie nicht in Ihrer Lösung hinter jeder Zeile vermerken, ob Sie nun in der Definition, der Subsumtion oder im Ergebnis sind. Dies führt vor allem dann bei ausführlicheren Gutachten mehr zur Verwirrung als dass es Ihnen helfen mag.

Obersatz
- Enthält die zu beantwortende Frage
- Nicht mit „?", sondern als Aussage formuliert
- Formulierungen:
  - Fraglich ist, ob ...
  - Zu prüfen ist, ob ...

Definition
- Inhaltliche Darstellung der Tatbestandsmerkmale
- Zitieren der Rechtsnorm
- Idealzustand im Konjunktiv
- Ggf. Auslegung unbestimmter Rechtsbegriffe
- Formulierungen:
  - Gemäß § ... müsste ...
  - Dies liegt nach § ... vor, wenn ...

Subsumtion
- Ihre eigentliche (juristische Kern-) „Arbeit" in der Sachbearbeitung
- Prüfung des konkret vorliegenden Falles auf Vorliegen der Voraussetzungen
- Formulierungen:
  - Hier ...
  - Im vorliegenden Fall ...

Ergebnis
- Logische Schlussfolgerung
- Beantwortet den oben aufgestellten Obersatz
- Formulierungen:
  - Folglich ...
  - Demnach ...

Der **Gutachtenstil**

- prüft
- „**folglich**" steht das Ergebnis am Ende

Es gibt zu Beginn viele offene Fragen im Gutachten, durch logische Schlussfolgerungen steht das Ergebnis dann am Ende. Die Pfeile zeigen, entsprechend wie das Wort „folglich", immer nach vorne auf den nächsten Satz.

In Abgrenzung dazu nochmal zum Bescheidstil:

Der **Bescheidstil**

- auch Urteilsstil genannt
- erklärt
- „**weil**" das Ergebnis am Anfang steht

Das Ergebnis wird direkt zu Beginn mitgeteilt und dann begründet. Die Pfeile zeigen, entsprechend wie das Wort „weil", immer nach oben auf den vorherigen Satz.

1.3 ANWENDUNGSBEISPIEL AUS DEM GASTG

Anhand des folgenden Anwendungsbeispiels sollen die dargestellten Grundsätze des Gutachtenstils nochmal veranschaulicht werden. Nutzen Sie das Beispiel als erste kleine Übung dazu, selbst eine gutachterliche Lösung zu verfassen.

Sachverhalt:
Sie werden von Ihrem Bekannten B gefragt, ob er für sein geplantes Ladenlokal *sabroso* in der Fußgängerzone der Stadt S eine Genehmigung von der Stadtverwaltung benötigt. Er möchte dort vor allem Wein und spanische Gerichte zum Verzehr zu Hause anbieten, aber auch einige Tische und Stühle aufstellen, um auch vor Ort Getränke ausschenken und Gerichte anbieten zu können.

Versuchen Sie zunächst eigenständig eine gutachterliche Lösung anzufertigen, bevor Sie die folgenden Ausführungen lesen.

Tipp: Werfen Sie einen Blick in die ersten zwei Paragraphen des Gaststättengesetzes (GastG).

Hinweis: Das Gaststättengesetz ist zwar ein Bundesgesetz, gilt jedoch nicht in Baden-Württemberg, Brandenburg, Bremen, Hessen, Niedersachsen, Sachsen, Sachsen-Anhalt,

Thüringen und Saarland. Diese Bundesländer haben eigene Gaststättengesetze als Landesgesetze verabschiedet.

Vorgehensweise zur Anfertigung einer gutachterlichen Lösung:
Zur Beantwortung der Frage, ob B eine Erlaubnis für sein Lokal benötigt, werden Sie schnell auf das Gaststättengesetz stoßen. Wahrscheinlich werden Sie nach Sichtung der §§ 1 und 2 GastG unproblematisch feststellen, dass B eine Erlaubnis braucht, weil er eine Schank- und Speisewirtschaft betreiben will. Damit ist das Ergebnis jetzt zwar schon auf „den ersten Blick" erkannt worden, im Rahmen der gutachterlichen Lösung müssen wir uns dem aber zunächst über die bekannte Vorgehensweise nähern.

Obersatz

Der Obersatz ergibt sich aus der Fragestellung des B. Er möchte wissen, ob er eine Erlaubnis für sein Vorhaben benötigt. Achten Sie beim Obersatz auf einen Bezug zum konkreten Sachverhalt.

> *Fraglich ist, ob B für sein geplantes Ladenlokal „sabroso" in der Fußgängerzone der Stadt S eine Genehmigung benötigt.*

Alternativ können Sie auch im Obersatz schon den einschlägigen Paragraphen nennen.

> *Zu prüfen ist, ob B für sein geplantes Ladenlokal „sabroso" in der Fußgängerzone der Stadt S eine Erlaubnis nach § 2 Abs. 1 GastG benötigt.*

Definition

Egal für welche Variante Sie sich entscheiden, im folgenden Schritt müssen Sie die einschlägige Rechtsnorm wiedergeben, damit Ihr Gutachten lückenlos wird. Hier wird deutlich, dass der Einstieg zwingend über § 2 Abs. 1 GastG zu wählen ist und nicht über § 1 Abs. 1 GastG.

Folgender Einstieg über § 1 Abs. 1 GastG ist gerade nicht lückenlos und damit nicht logisch, denn der Übergang von der notwendigen Genehmigung auf das Gaststättengewerbe steht in keinem Zusammenhang:

> ✗
>
> *Fraglich ist, ob B für sein geplantes Ladenlokal „sabroso" in der Fußgängerzone der Stadt S eine Genehmigung benötigt.*
>
> *Nach § 1 Abs. 1 GastG betreibt ein Gaststättengewerbe, wer […]*

Vielmehr ist folgender Zusammenhang gutachterlich logisch:

> ✓
>
> *Fraglich ist, ob B für sein geplantes Ladenlokal „sabroso" in der Fußgängerzone der Stadt S eine Genehmigung benötigt.*
>
> *Gemäß § 2 Abs. 1 GastG bedarf der Erlaubnis, wer ein Gaststättengewerbe betreiben will.*

Oder alternativ:

Zu prüfen ist, ob B für sein geplantes Ladenlokal „sabroso" in der Fußgängerzone der Stadt S eine Erlaubnis nach § 2 Abs. 1 GastG benötigt.

Demnach bedarf der Erlaubnis, wer ein Gaststättengewerbe betreiben will.

Bereits beim Lesen stellen Sie sich die Frage, wer denn ein Gaststättengewerbe betreibt. Dieser Satz sollte im Gutachten direkt im Anschluss beantwortet werden. Jetzt ist also der richtige Zeitpunkt, um auf § 1 Abs. 1 GastG einzugehen.

Fraglich ist, ob B für sein geplantes Ladenlokal „sabroso" in der Fußgängerzone der Stadt S eine Genehmigung benötigt.

Gemäß § 2 Abs. 1 GastG bedarf der Erlaubnis, wer ein Gaststättengewerbe betreiben will. Ein Gaststättengewerbe betreibt gemäß § 1 Abs. 1 GastG, wer im stehenden Gewerbe Getränke oder zubereitete Speisen zum Verzehr an Ort und Stelle verabreicht und der Betrieb jedermann zugänglich ist.

In der Definition gibt es bisher keinen Bezug zum Sachverhalt des B. Es wurde also nur der gesetzliche Rahmen erklärt, ohne auf den Einzelfall einzugehen. Die tatsächliche Arbeit in der Sachbearbeitung beginnt nun in der Subsumtion, um herauszufinden, wie es sich im vorliegenden Fall verhält. Subsumtion

Hier möchte B in seinem Ladenlokal „sabroso" in der Fußgängerzone der Stadt S Getränke und Speisen verkaufen. Er möchte Tische und Stühle aufstellen, damit die Getränke und Speisen auch dort vor Ort verzehrt werden können.

Das Ladenlokal lässt sich nicht dem Reisegewerbe oder dem Marktgewerbe zuordnen, es handelt sich um ein stehendes Gewerbe. Der Betrieb ist für jeden zugänglich.

In der Subsumtion wurde hier exemplarisch das stehende Gewerbe in Kurzform vom Markt- und Reisegewerbe abgegrenzt, dies soll zum Zweck der Veranschaulichung hier ausreichen, um nun von der Subsumtion in das Ergebnis überleiten zu können. Auf Ausnahmeregelungen wie § 2 Abs. 2 GastG wurde hier bewusst zur möglichst kurzen und anschaulichen gutachterlichen Darstellung kein Bezug genommen.

Die logischen Schlussfolgerungen werden sodann im Ergebnis gezogen. Vergessen Sie hierbei nicht, alle aufgeworfenen Fragen zu beantworten und gehen Sie nicht zu schnell in die Beantwortung der Hauptfrage. Ergebnis

Folglich beabsichtigt B eine Schank- und Speisewirtschaft eines stehenden Gewerbes und damit ein Gaststättengewerbe i.S.d. § 1 Abs. 1 GastG zu betreiben.

Demnach benötigt er für den Betrieb seines Ladenlokals eine Erlaubnis nach § 2 Abs. 1 GastG.

Gesamtlösung

Insgesamt könnte die gutachterliche Lösung also wie folgt aussehen:

Fraglich ist, ob B für sein geplantes Ladenlokal „sabroso" in der Fußgängerzone der Stadt S eine Genehmigung benötigt.

Gemäß § 2 Abs. 1 GastG bedarf der Erlaubnis, wer ein Gaststättengewerbe betreiben will. Ein Gaststättengewerbe betreibt gemäß § 1 Abs. 1 GastG, wer im stehenden Gewerbe Getränke oder zubereitete Speisen zum Verzehr an Ort und Stelle verabreicht und der Betrieb jedermann zugänglich ist.

Hier möchte B in seinem Ladenlokal „sabroso" in der Fußgängerzone der Stadt S Getränke und Speisen verkaufen. Er möchte Tische und Stühle aufstellen, damit die Getränke und Speisen auch dort vor Ort verzehrt werden können.

Das Ladenlokal lässt sich nicht dem Reisegewerbe oder dem Marktgewerbe zuordnen, es handelt sich um ein stehendes Gewerbe. Der Betrieb ist für jeden zugänglich.

Folglich beabsichtigt B eine Schank- und Speisewirtschaft eines stehenden Gewerbes und damit ein Gaststättengewerbe i.S.d. § 1 Abs. 1 GastG zu betreiben.

Demnach benötigt er für den Betrieb seines Ladenlokals eine Genehmigung nach § 2 Abs. 1 GastG.

1.4 PRÜFUNGSRELEVANZ

Der Gutachtenstil ist ausdrücklicher Bestandteil der Ausbildung in der (kommunalen) Verwaltung und daher auch in den Lehr- und Stoffverteilungsplänen verankert. Regelmäßig werden in schriftlichen (Abschluss-)Prüfungen gutachterliche Lösungen von den Prüflingen erwartet. Die Aufgabenstellung lautet dann regelmäßig: „Prüfen Sie gutachterlich, ob ...". Die Anwendung des Gutachtenstils wird sodann auch in die Bewertung der Leistung miteinfließen, sodass die Prüflinge auf eine juristisch-methodisch saubere Anwendung des Gutachtenstils achten sollten.

Entsprechend der Aufgabenstellung ist auf eine sachgerechte „Tiefe" des Gutachtenstils Rücksicht zu nehmen. Um zu erkennen, an welchen Stellen ggf. sogar bewusst von einer strikten gutachterlichen Lösung abgewichen werden kann, um unstrittige Stellen der Prüfung nicht unnötig in die Länge zu ziehen, werden Sie Ihr Gespür für die gutachterliche Vorgehensweise etwas trainieren müssen. In diesem Buch finden Sie auch dazu Beispiele.

Vor allem aber, wenn es im Prüfungssachverhalt Anhaltspunkte für anzusprechende Probleme gibt – und dies kommt häufig durch Wortmeldungen der im Sachverhalt auftauchenden Personen vor – sollten Sie diese tendenziell etwas ausführlicher gutachterlich abhandeln.

Damit bringen Sie entsprechend des Ausbildungsziels auch zum Ausdruck, dass Sie sich mit den Vorträgen der Beteiligten im Verwaltungsverfahren juristisch sauber auseinandersetzen können.

Ob Sie in einer Prüfung vor der gutachterlichen Ausformulierung zunächst eine Lösungsskizze anfertigen oder nicht, hängt ganz von Ihrer eigenen „Klausurlösungsvorgehensweise" ab. Bei beiden Varianten werden Sie jedoch mit Sicherheit schon vor Beginn des Schreibens den „Weg des Gutachtens" vor Augen haben. Für die Lösung entsprechender Prüfungen ist es also unabdingbar, dass Sie sich zunächst einige Gedanken über Ihren Lösungsweg machen. Identifizieren Sie die aufgeworfenen Probleme im Sachverhalt und gehen Sie schon einmal gedanklich die Reihenfolge Ihres „Prüfungsschemas" durch. Wenn Sie sich sodann fachlich sicher sind, wird Ihnen der Gutachtenstil bei der geordneten Lösung der Fragestellung und Problembehandlung an den geeigneten Stellen helfen. Der Gutachtenstil leitet Sie sodann im besten Fall durch diese schriftliche Prüfung.

Insofern verwundert es kaum, dass der Gutachtenstil den Prüflingen zum Teil auch in praktischen Prüfungen abverlangt wird. Damit wird abermals deutlich, dass es sich bei dem Gutachtenstil mehr um eine „Denklogik" als einen „Schreibstil" handelt. Achten Sie allerdings in Ihrem mündlichen Vortrag darauf, dass Sie durch die gutachterliche Anwendung nicht in eine Art des „Vorlesens" geraten. Ziel der praktischen Prüfung ist es, dass Sie Ihre Arbeitsergebnisse bürgerorientiert darstellen können.

Das o.g. Beispiel der Prüfung, ob eine Gaststättenerlaubnis für das Ladenlokal *sabroso* in der Fußgängerzone der Stadt S notwendig ist, können Sie hier nochmal als Beispiel heranziehen. Versuchen Sie das Gutachten so vorzutragen, dass der Gutachtenstil erhalten bleibt, Sie aber möglichst „locker" und „natürlich" dabei sprechen.

1.5 CHECKLISTE

Die folgende Checkliste soll Ihnen dabei helfen, Ihre gutachterlichen Lösungen auf juristisch-methodische Richtigkeit zu überprüfen, wesentliche Fehler zu vermeiden und damit Sicherheit in der gutachterlichen Anwendung zu gewinnen.

Obersatz – Einstieg in die Prüfung

☐ Enthält der Obersatz die **zentrale Fragestellung** des Falls?
☐ Wird der Obersatz als **Aussage** ohne Fragezeichen formuliert? („Zu prüfen ist, ob ...", „Fraglich ist, ob ...")
☐ Ist die Fragestellung **sachverhaltsbezogen** formuliert? (mit konkreten Namen und Bezug zum Fall)

Definition – Voraussetzungen und Rechtsnormen

☐ Wurde die **einschlägige gesetzliche Grundlage** korrekt genannt?
☐ Wird der **Tatbestand** vollständig und korrekt definiert? („Gemäß § ...", „Dies liegt nach § ... vor, wenn ...")

- ☐ Wird in der Darstellung der Voraussetzungen der **Konjunktiv** verwendet? („Dazu müsste …“, „Dies liegt gemäß § … vor, wenn“)
- ☐ Gibt es ggf. weitere **Obersätze (Minigutachten)** für die einzelnen Tatbestandsvoraussetzungen?

Subsumtion – Anwendung auf den Sachverhalt

- ☐ Wurde der konkrete Sachverhalt **vollständig** geprüft?
- ☐ Habe ich die **Probleme aus dem Sachverhalt** abgehandelt?
- ☐ Ist die Argumentation **nachvollziehbar**?
- ☐ Werden **Signalwörter** wie „hier“ oder „im vorliegenden Fall“ verwendet?

Ergebnis – Schlussfolgerung und Antwort

- ☐ Wurde das Ergebnis **logisch** aus der Subsumtion abgeleitet?
- ☐ Wird ein **klarer Ergebnissatz** mit „folglich“, „demnach“, „somit“ eingeleitet?
- ☐ Schließen alle „Minigutachten“ mit Ergebnissen ab?
- ☐ Wurde die **Eingangsfrage** beantwortet?

Formale und methodische Selbstkontrolle

- ☐ Gibt es eine **klare optische Struktur** mit sinnvollen Absätzen?
- ☐ Sind meine verwendeten **Gliederungsebenen** schlüssig? (Soweit Gliederungsebenen verwendet werden, denken Sie vor allem an den Merkspruch „Wer A sagt, muss auch B sagen“, wenn Sie Gliederungsebene „1.1“ verwenden, muss es also auch zwingend die Gliederungsebene „1.2“ geben.)
- ☐ Wurden Rechtsnormen **korrekt zitiert**? (nicht nur abschreiben, sondern in den eigenen Satzbau einbetten)
- ☐ Gibt es **vermeidbare Fehler** wie
  - Verwendung von „weil“, „da“, „denn“ (Bescheidstil anstatt Gutachtenstil)
  - Ausufernde Definitionen ohne Bezug zum Fall
  - Prüfung irrelevanter Punkte („Hat das Auto überhaupt Reifen?“)
- ☐ Sind meine **Schlussfolgerungen lückenlos** nachvollziehbar?
- ☐ Bleiben beim Lesen **offene Fragen**? (Dies wäre ein Hinweis für eine noch zu schließende Lücke in Ihrem Gutachten.)

Nutzen Sie die Checkliste am Ende jeder Übung oder Prüfungsvorbereitung als Reflexionshilfe – nicht als starre Vorgabe. Sie soll noch einmal in Kurzform als Möglichkeit der Selbstkontrolle im Rahmen der eigenständigen Übung dienen.

2 Ausformulierte Falllösungen

In diesem Abschnitt finden Sie zu unterschiedlichen Rechtsgebieten des öffentlichen Rechts gutachterlich ausformulierte Beispiele. Durch diese Muster sollen Sie ein besseres Gespür für den Gutachtenstil bekommen und diesen Schreibstil selbst verinnerlichen. Die gutachterlichen Lösungen werden nach Rechtsgebieten aufgeteilt.

Hinweise zu den Fallgestaltungen sowie Anmerkungen zu den Lösungsvorschlägen sollen Ihnen dabei helfen, die Aufgaben im Gesamtkontext einordnen zu können und regelmäßig auftauchende Fehler zu vermeiden.

Es wird Ihnen ausdrücklich empfohlen, die Sachverhalte zunächst selbst im Rahmen der eigenständigen Bearbeitung zu lösen und erst dann mit den Lösungsvorschlägen abzugleichen. Eine reine Sichtung der Lösungsvorschläge dürfte Ihnen kaum dazu verhelfen, zukünftig selbstständig ohne fremde Hilfe ein Rechtsgutachten anfertigen zu können.

2.1 ALLGEMEINES VERWALTUNGSRECHT

2.1.1 Abgrenzungstheorien öffentliches Recht / Privatrecht

Sachverhalt
Bauherr B beantragt beim Bauamt der Stadt S in NRW die Genehmigung zur Errichtung eines Einfamilienhauses auf seinem Grundstück in der Gemarkung S, Flur 12, Flurstück 55.

Mit Schreiben vom heutigen Tag genehmigt die Stadt S als Untere Bauaufsichtsbehörde das Bauvorhaben des B. Ihre Erlaubnis stützt das Bauamt auf § 74 Abs. 1 BauO NRW.

Prüfen Sie gutachterlich, ob es sich bei § 74 Abs. 1 BauO NRW unter Anwendung der drei Abgrenzungstheorien um eine Norm des öffentlichen Rechts oder des Privatrechts handelt.

Hinweise zur Fallgestaltung
Der vorstehende Fall eignet sich für Einsteiger im Verwaltungsrecht, die sich nun mit dem Gutachtenstil vertraut machen, denn thematisch wurde mit den Abgrenzungstheorien hier ein Thema gewählt, welches zum Grundlagenwissen des allgemeinen Verwaltungsrechts gehört.

Lösungsvorschlag

Bei § 74 Abs. 1 BauO NRW könnte es sich unter Anwendung der drei Abgrenzungstheorien um eine Norm des öffentlichen Rechts oder des Privatrechts handeln.

Zunächst könnte es sich unter Anwendung der Interessentheorie bei § 74 Abs. 1 BauO NRW um eine Norm des öffentlichen Rechts oder des Privatrechts handeln.

Nach der Interessentheorie liegt Privatrecht vor, wenn die Norm dem Schutz der Interessen Einzelner dient, wohingegen öffentliches Recht vorliegt, wenn die Norm dem Schutz der Interessen der Allgemeinheit dient. Gemäß § 74 Abs. 1 Satz 1 BauO NRW ist eine Baugenehmigung zu erteilen, wenn das Vorhaben nicht gegen öffentlich-rechtliche Vorschriften verstößt.
Öffentlich-rechtliche Vorschriften dienen dem Schutz der Interessen der Allgemeinheit.

Somit handelt es sich unter Anwendung der Interessentheorie bei § 74 Abs. 1 BauO NRW um öffentliches Recht.

Zu prüfen ist, ob es sich bei § 74 Abs. 1 BauO NRW unter Anwendung der Subordinationstheorie um eine Norm des öffentlichen Rechts oder des Privatrechts handelt.

Nach der Subordinationstheorie ist eine Rechtsnorm dann dem öffentlichen Recht zuzuordnen, wenn die Beteiligten in einem Über-/Unterordnungsverhältnis zueinanderstehen, wie z.B. im Verhältnis Staat zu Bürger.

Privatrecht liegt vor, wenn die Beteiligten in einem Gleichordnungsverhältnis stehen, wie z.B. im Verhältnis Bürger zu Bürger.

§ 74 Abs. 1 Satz 1 BauO NRW spricht davon, dass eine Baugenehmigung zu erteilen ist. Daraus lässt sich schließen, dass jemand bestimmtes dafür zuständig ist, diese zu erteilen, wodurch dieser dem Antragsteller übergeordnet ist. Der Antragsteller hat ab Antragstellung keine Möglichkeit mehr, Einfluss auf diese Entscheidung zu nehmen.

Dementsprechend ist eine Über-/Unterordnung der Beteiligten gegeben.

Somit handelt es sich nach der Subordinationstheorie bei § 74 Abs. 1 BauO NRW um eine Norm des öffentlichen Rechts.

Weiterhin ist zu prüfen, ob es sich bei § 74 Abs. 1 BauO NRW unter Anwendung der modifizierten Subjektstheorie um öffentliches Recht oder Privatrecht handelt.

Nach der modifizierten Subjektstheorie liegt Privatrecht vor, wenn aus der streitentscheidenden Norm „jedermann" berechtigt und/oder verpflichtet wird.

Öffentliches Recht liegt vor, wenn aus der streitentscheidenden Norm ausschließlich ein Träger hoheitlicher Gewalt berechtigt oder verpflichtet wird.

Aus § 74 Abs. 1 BauO NRW geht nicht hervor, wer für die Erteilung der Baugenehmigung zuständig ist.

§ 57 Abs. 1 Satz 2 BauO NRW berechtigt die untere Bauaufsichtsbehörde, den Bauantrag zu bewilligen oder abzulehnen. Gemäß § 57 Abs. 1 Satz 1 Nr. 3 lit. a) und b)

BauO NRW sind diese als Kreis bzw. kreisfreie Städte bzw. kreisangehörige Städte erwähnt, welche ausschließlich Träger hoheitlicher Gewalt sind.

Insgesamt bleibt somit festzustellen, dass es sich bei § 74 Abs. 1 BauO NRW unter Anwendung der modifizierten Subjektstheorie um öffentliches Recht handelt.

Als Ergebnis ist festzustellen, dass es sich unter Anwendung aller drei Abgrenzungstheorien bei § 74 Abs. 1 BauO NRW um eine Norm des öffentlichen Rechts handelt.

Anmerkungen zum Lösungsvorschlag

Die drei Abgrenzungstheorien sind gesetzlich nicht definiert und daher auswendig zu lernen. Die Abgrenzung zwischen Privatrecht und öffentlichem Recht ist Grundlage für die spätere Prüfung eines Verwaltungsaktes, um dort die hoheitliche Maßnahme bzw. das Gebiet des öffentlichen Rechts prüfen zu können. Nach herrschender Meinung und ständiger Rechtsprechung ist die modifizierte Subjektstheorie anzuwenden.

2.1.2 Befangenheit

Sachverhalt

Ordnungsamtsmitarbeiter N möchte dem Bruder seiner Mutter, also seinem Onkel O, die beantragte Gaststättenerlaubnis erteilen. Er fragt sich, ob er in dem Verfahren überhaupt tätig werden darf.

Prüfen Sie gutachterlich, ob N in dem Verwaltungsverfahren tätig werden darf.

Hinweise zur Fallgestaltung

Im vorstehenden Fall geht es um die gutachterliche Lösung, ob ein Sachbearbeiter im Verwaltungsverfahren überhaupt tätig werden darf. Es dreht sich hier also um § 20 VwVfG NRW, die Fragestellung behandelt einen Verfahrensfehler, welcher im Rahmen der formellen Rechtmäßigkeitsprüfung eingebettet werden kann.

Lösungsvorschlag

Fraglich ist, ob Ordnungsamtsmitarbeiter N die Gaststättenerlaubnis an seinen Onkel erteilen darf. Abgesehen von den gaststättenrechtlichen Voraussetzungen stellt sich die Frage, ob er in dem Verwaltungsverfahren überhaupt tätig werden darf.

Nach § 20 Abs. 1 Nr. 2 VwVfG NRW darf in einem Verwaltungsverfahren nicht tätig werden, wer Angehöriger eines Beteiligten ist.

Beteiligter ist gemäß § 13 Abs. 1 Nr. 1 VwVfG NRW der Antragsteller. Hier hat der Onkel O einen Antrag auf Erteilung einer Gaststättenerlaubnis gestellt. Er ist folglich Beteiligter.

Fraglich ist, ob N Angehöriger seines Onkels O i.S.d. § 20 Abs. 1 Nr. 2 VwVfG NRW ist.

In § 20 Abs. 5 VwVfG NRW wird festgelegt, wer Angehöriger i.S.d. Vorschrift ist. Nach § 20 Abs. 5 Nr. 5 VwVfG NRW sind Angehörige Kinder der Geschwister.

Ausgegangen von dem Beteiligten Onkel O ist N der Sohn der Schwester des O. Ordnungsamtsmitarbeiter N ist folglich als Kind der Schwester von O ein Angehöriger nach § 20 Abs. 5 Nr. 5 VwVfG NRW.

Folglich darf N in dem Verwaltungsverfahren gemäß § 20 Abs. 1 Nr. 2 VwVfG NRW nicht tätig werden und die Gaststättenerlaubnis nicht erteilen.

Anmerkungen zum Lösungsvorschlag
In diesem Fall lauert das Risiko, im Rahmen der Prüfung des § 20 Abs. 5 VwVfG NRW die Nr. 5 und 7 zu verwechseln. Denn – wie hier einschlägig – nach § 20 Abs. 5 Nr. 5 VwVfG NRW ist der Neffe (Sachbearbeiter) Angehöriger des Onkels O. Demgegenüber erfasst § 20 Abs. 5 Nr. 7 VwVfG NRW auch den Onkel O (sollte dieser Sachbearbeiter sein) als Angehörigen des Neffen N (soweit dieser Antragsteller und damit Beteiligter ist). Insofern ist es in der gutachterlichen Darstellung wichtig, „Schritt für Schritt" vorzugehen und erst zu klären, wer der Beteiligte ist. Wenn dies geklärt ist, fällt die anschließende Subsumtion nicht schwierig. Das Ergebnis der Angehörigeneigenschaft und damit der Ausschluss vom Verfahren ergeben sich sodann automatisch.

Achtung: Der Begriff des „Angehörigen" i.S.d. Verwaltungsverfahrensgesetzes NRW ist von dem Begriff des „Angehörigen" i.S.d. Gemeinordnung NRW zu unterscheiden. Exemplarisch sei auf den geschiedenen Partner hingewiesen, der nach § 20 Abs. 5 Satz 2 Nr. 1 VwVfG NRW weiterhin als Angehöriger zählt, gemäß § 31 Abs. 5 Satz 2 GO NRW hingegen nicht.

2.1.3 Fristberechnung

Sachverhalt
Die Ablehnung der Gaststättenerlaubnis wird mit einfachem Brief am 23.10. zur Post aufgegeben. G trägt vor, er habe die Ablehnung erst am 29.10. erhalten.

Prüfen Sie gutachterlich, bis wann G Klage beim zuständigen Verwaltungsgericht Gelsenkirchen gegen die Ablehnung der Gaststättenerlaubnis einreichen kann.

Hinweis: Dass die Ablehnung der Gaststättenerlaubnis ein Verwaltungsakt ist, kann hier unterstellt werden.

Kalender						
Mo	Di	Mi	Do	Fr	**Sa**	**So**
20.10.	21.10.	22.10.	23.10.	24.10.	**25.10.**	**26.10.**
27.10.	28.10.	29.10.	30.10.	31.10.	**01.11.**	**02.11.**
[...]						
24.11.	25.11	26.11.	27.11.	28.11.	**29.11.**	**30.11.**
01.12.	02.12.	03.12.	04.12.	05.12.	**06.12.**	**07.12.**

Hinweise zur Fallgestaltung
Im vorstehenden Fall geht es um die gutachterliche Lösung der Klagefrist. Da in NRW das Vorverfahren nach § 110 Abs. 1 JustG NRW in vielen Bereichen ausgesetzt ist, wird hier nach der Klage- und nicht der Widerspruchsfrist gefragt. Rechnerisch ergeben sich allerdings ohnehin keine Unterschiede, da beide Fristen nach § 70 Abs. 1 VwGO bzw. § 74 Abs. 1 VwGO mit einem Monat gleich lang sind.

Lösungsvorschlag

Fraglich ist, bis wann G Klage beim zuständigen Verwaltungsgericht Gelsenkirchen gegen die Ablehnung der Gaststättenerlaubnis einreichen kann.

Die Klagefrist beträgt gemäß § 74 Abs. 1 Satz 2 VwGO einen Monat ab Bekanntgabe des Verwaltungsaktes. Ein schriftlicher Verwaltungsakt, der im Inland durch die Post übermittelt wird, gilt nach § 41 Abs. 2 Satz 1 VwVfG NRW am vierten Tag nach Aufgabe zur Post als bekanntgegeben (4-Tages-Fiktion). Hier wurde die Ablehnung der Gaststättenerlaubnis mit einfachem Brief versendet und am 23.10. zur Post aufgegeben. Somit würde der Verwaltungsakt grundsätzlich am 27.10. als bekanntgegeben gelten.

G trägt hier allerdings vor, er habe den Bescheid erst am 29.10. erhalten. Nach § 41 Abs. 2 Satz 3 VwVfG NRW gilt die 4-Tages-Fiktion unter anderem nicht, wenn der Verwaltungsakt zu einem späteren Zeitpunkt zugegangen ist. Die Behörde hat im Zweifel den Zugang des Verwaltungsaktes und den Zeitpunkt des Zugangs nachzuweisen.

Hier bestehen keine Anhaltspunkte dafür, dass die Behörde den (früheren) Zugangszeitpunkt nachweisen könnte. Folglich gilt der Verwaltungsakt entsprechend dem Vortrag des G erst am 29.10. als bekanntgegeben.

Die Klagefrist von einem Monat nach § 74 Abs. 1 Satz 2 VwGO berechnet sich also nun ausgehend vom 29.10. Für die Berechnung der Fristen gelten gemäß § 57 Abs. 2 VwGO und § 222 Abs. 1 ZPO die Vorschriften des BGB. Nach § 187 Abs. 1 BGB wird bei der Berechnung der Frist der Tag nicht mitgerechnet, in welchen das Ereignis fällt, wenn für den Anfang der Frist ein Ereignis maßgebend ist.

Hier ist die Bekanntgabe am 29.10. das maßgebende Ereignis, sodass die Frist am 30.10. zu laufen beginnt.

Eine nach Monaten bestimmte Frist endet nach § 188 Abs. 2 BGB im Falle des § 187 Abs. 1 BGB mit Ablauf desjenigen Tages des letzten Monats, welcher durch seine Zahl dem Tage entspricht, in den das Ereignis fällt.

Das Ereignis ist die Bekanntgabe am 29.10., sodass das Fristende gemäß § 188 Abs. 2 BGB auf den 29.11. fällt.

Lt. Kalenderauszug ist der 29.11. ein Samstag. Zu prüfen ist, ob das Ende der Klagefrist auf einem Samstag liegen kann.

Gemäß § 57 Abs. 2 VwGO i.V.m. § 222 Abs. 2 ZPO endet die Frist erst mit Ablauf des nächsten Werktages, wenn das Ende einer Frist auf einen Sonntag, Sonnabend oder allgemeinen Feiertag fällt. Sonnabend ist eine andere Bezeichnung für den Wochentag „Samstag".

Hier fällt das Ende der Frist also mit dem 29.11. auf einen Samstag und damit Sonnabend, sodass die Klagefrist nicht auf einem Samstag enden kann und eine Verschiebung auf den nächsten Werktag, Montag, 01.12., stattfindet.

Folglich kann G bis zum Montag, 01.12., die Klage fristgerecht beim Verwaltungsgericht Gelsenkirchen einreichen.

Anmerkungen zum Lösungsvorschlag
Ein überschaubarer Fall mit Ausflug in das BGB, um den Gutachtenstil einzustudieren. Allerdings sind hier bereits zwei Schwierigkeiten verbaut worden. Zunächst die Frage, wie mit dem Vortrag des Betroffenen, er habe das Schreiben erst am o.g. Tag erhalten, umzugehen ist und sodann die Tatsache, dass das Fristende zunächst auf einen Samstag fällt.

In der Verwaltungspraxis wird sich die Problematik der 4-Tages-Fitkion regelmäßig nicht ergeben, da entsprechende Schriftstücke abgesehen von bestehenden rechtlichen Verpflichtungen (bspw. bei der Androhung von Zwangsmitteln, § 63 Abs. 6 VwVG NRW oder beim Widerspruchsbescheid, § 73 Abs. 3 Satz 1 VwGO) im eigenen Interesse der Behörde förmlich bekanntgegeben, also durch Postzustellungsurkunde oder Empfangsbekenntnis zugestellt werden dürften.

2.1.4 Verhältnismäßigkeit

Sachverhalt
Falschparker F hatte sein Auto auf einem Parkplatz für Schwerbehinderte geparkt, ohne dazu berechtigt zu sein. Die zuständige Behörde ließ den Pkw abschleppen. F möchte die Abschleppkosten i.H.v. angemessenen 328,50 € nicht zahlen. Er trägt vor, die Ordnungsamtsmitarbeiter hätten im gegenüberliegenden Café nachforschen können. F habe dort gesessen und ein Eis gegessen, er hätte sein Auto sofort und damit schneller als der Abschleppdienst, welcher erst nach 20 Minuten erschienen ist, umsetzen können, wenn er informiert worden wäre. Außerdem hätte in der Zwischenzeit sowieso kein berechtigter Straßenverkehrsteilnehmer den Parkplatz aufgesucht.

Prüfen Sie gutachterlich, ob die Abschleppmaßnahme verhältnismäßig ist. Im Rahmen der Prüfung ist insbesondere auch die Argumentation des F zu berücksichtigen.

Hinweise zur Fallgestaltung

Im vorstehenden Fall geht es um die gutachterliche Lösung, ob eine Maßnahme der Verwaltung verhältnismäßig ist. Hier ist also Grundwissen zum Verhältnismäßigkeitsgrundsatz notwendig. Die Verhältnismäßigkeit ist als Teil der materiellen Rechtmäßigkeitsprüfung regelmäßig bei Ermessensvorschriften auf der Rechtsfolgenseite zu beachten.

Lösungsvorschlag

Fraglich ist, ob das Abschleppen des Autos von F verhältnismäßig war.

Eine Maßnahme ist verhältnismäßig, wenn sie einen legalen Zweck verfolgt, geeignet, erforderlich und angemessen ist.

***Legaler Zweck** der Maßnahme war das Freimachen des Parklatzes für berechtigte Straßenverkehrsteilnehmer sowie die Gefahrenabwehr. Durch das verbotswidrige Abparken des Autos hat F gegen die lfd. Nr. 7 der Anlage 3 zu § 42 Abs. 2 der Straßenverkehrs-Ordnung (StVO) verstoßen, die das Parken (Zeichen 314) mit Zusatzzeichen auf schwerbehinderte Menschen beschränkt. Hierdurch ist es zu einer fortdauernden Störung (Rechtsverstoß gegen Vorschriften der StVO) gekommen, die es durch die Abschleppmaßnahme zu beseitigen gilt.*

*Fraglich ist, ob die Abschleppmaßnahme **geeignet** war. Eine Maßnahme ist geeignet, wenn sie den Zweck fördert. Durch das Abschleppen des Autos von F wird dieses von dem entsprechenden Parkplatz entfernt. Der Parkplatz steht anschließend also wieder berechtigten Straßenverkehrsteilnehmern zur Verfügung und die Störung durch den Rechtsverstoß wird beseitigt. Die Abschleppmaßnahme ist folglich geeignet.*

*Zu prüfen ist, ob die Abschleppmaßnahme **erforderlich** war. Eine Maßnahme ist erforderlich, wenn es kein gleich geeignetes, milderes Mittel gibt.*

Hier schlägt F vor, die Ordnungsamtsmitarbeiter hätten ihn suchen können, dann hätte er das Auto sogar schneller als der Abschleppdienst umsetzen können. Er zielt darauf ab, dass der Aufwand der Abschleppmaßnahme dann entfallen wäre. Allerdings ist festzustellen, dass die Ordnungsamtsmitarbeiter überhaupt keinen Anhaltspunkt für den Verbleib des F hatten. Sie konnten also gar nicht wissen, dass sich dieser in unmittelbarer Nähe befindet. Die ungewissen Erfolgsaussichten der Nachforschungen würden folglich nur zu weiteren Verzögerungen führen und die bereits eingetretene Störung würde noch intensiviert werden. Ein umfangreiches Suchen stellt sich folglich nicht als milderes, gleich geeignetes Mittel heraus. Andere mildere, gleich geeignete Mittel sind nicht ersichtlich.

Folglich war die Abschleppmaßnahme erforderlich.

*Fraglich ist, ob die Abschleppmaßnahme auch **angemessen** war. Eine Maßnahme ist dann angemessen, wenn im Rahmen einer Güterabwägung die Nachteile für den*

Betroffenen (Individualinteresse) nicht außer Verhältnis zu den Vorteilen (Allgemeininteresse) stehen.

Der Betroffene F hat in der Konsequenz der Abschleppmaßnahme finanzielle Nachteile durch den Kostenbescheid und erleidet somit einen Eingriff in Art. 2 Abs. 1 GG. Darüber hinaus findet er sein Auto nicht an dem abgestellten Platz wieder, sodass das Auffinden/Abholen des Autos mit (organisatorischem und zeitlichem) Aufwand verbunden ist. F kann bis zum Abholen des Autos über den Besitz (= tatsächliche Verfügungsgewalt) am Auto nicht so verfügen, wie er es gerne möchte, folglich findet auch ein Eingriff in das Recht des F auf Eigentum aus Art. 14 Abs. 1 GG statt.

Demgegenüber ist als Vorteil für die Allgemeinheit die mögliche Benutzung des Parkplatzes für Menschen mit Behinderung zu nennen. F trägt vor, es habe sowieso niemand mit Berechtigung dort parken wollen. Dem ist entgegenzuhalten, dass dies gar nicht nachgewiesen werden kann. Ggf. ist sogar ein berechtigter Verkehrsteilnehmer an dem belegten Parkplatz vorbeigefahren.

Selbst wenn dies nicht der Fall sein sollte, verbleibt die negative Vorbildfunktion des Falschparkens und der Rechtsverstoß zu nennen. Die Freihaltung von Parkplätzen für Schwerbehinderte stellt in unserem Rechtssystem auch aus diesem Grund eine große Wichtigkeit dar. Darüber hinaus wird durch die Abschleppmaßnahme auch die mit dem Rechtsverstoß einhergehende Störung beseitigt.

Insgesamt vermögen die selbstverschuldeten Nachteile des F die Vorteile nicht zu überwiegen. Der Aufwand zum Auffinden des Autos ist eine reine Unbequemlichkeit, die Kosten für die Abschleppmaßnahme in angemessener Höhe können nicht die wichtige Freihaltung des Parkplatzes für Menschen mit Behinderung sowie die Beseitigung der Störung übertreffen.

Damit ist die Abschleppmaßnahme angemessen.

Insgesamt ist die Abschleppmaßnahme folglich verhältnismäßig.

Anmerkungen zum Lösungsvorschlag

Der Begriff „legaler Zweck“ wird mitunter auch als „legitimer Zweck“ bezeichnet. Inhaltlich gibt es hier keine Unterschiede.

Zunächst sollten Sie erkennen, dass hier bei jeder Stufe der Verhältnismäßigkeit wieder ein „Minigutachten“ mit der bekannten gutachterlichen Vorgehensweise anzufertigen ist. Die Darstellung des Zwecks der Maßnahme zu Beginn der Prüfung verhindert die Idee, ein Bußgeld oder die Parkkralle als milderes, gleich geeignetes Mittel zu identifizieren. Denn das Bußgeld verfolgt nicht den gleichen Zweck wie die Abschleppmaßnahme, das sollte klar sein. Auch die Parkkralle ist zur Erreichung des geschilderten Zwecks ungeeignet, vielmehr verfestigt sie den rechtswidrigen Zustand noch und passt daher nicht in den rechtsstaatlichen Gedanken des Freimachen des Parkplatzes für Berechtigte.

Bei der Prüfung der Angemessenheit bietet es sich an, zunächst die Vor- und Nachteile zu nennen bzw. zu gewichten und dann gegeneinander abzuwägen, damit vor allem letztendlich auch dem Gericht gegenüber eine fehlerfreie Ermessensabwägung nachgewiesen werden kann. Im Rahmen der Abwägung spielen insbesondere auch Grundrechte eine wichtige Rolle.

2.1.5 VA-Prüfung

Sachverhalt
B beantragt für sein geplantes Ladenlokal *sabroso* in der Fußgängerzone der kreisangehörigen Stadt S eine Gaststättenerlaubnis bei der Ordnungsbehörde der Stadt S. Er möchte dort vor allem Wein und spanische Gerichte zum Verzehr zu Hause anbieten, aber auch einige Tische und Stühle aufstellen, um auch vor Ort Getränke ausschenken und Gerichte anbieten zu können. Die Ablehnung der Gaststättenerlaubnis durch die zuständige Ordnungsbehörde der Stadt S wird dem B postalisch bekanntgegeben.

Prüfen Sie gutachterlich, ob es sich bei der Ablehnung der Gaststättenerlaubnis um einen Verwaltungsakt handelt.

Hinweise zur Fallgestaltung
Im vorstehenden Fall geht es um die gutachterliche Prüfung der Eigenschaft eines Verwaltungsaktes. Es handelt sich damit um einen klassischen Bestandteil einer Prüfung auf VL-I-Niveau und gehört zum notwendigen Grundwissen im allgemeinen Verwaltungsrecht.

Lösungsvorschlag

Fraglich ist, ob die Ablehnung der Gaststättenerlaubnis durch die Stadt S an B ein Verwaltungsakt ist.

*Verwaltungsakt ist nach § 35 Satz 1 VwVfG NRW jede **hoheitliche Maßnahme**, die eine **Behörde** zur **Regelung** eines **Einzelfalls** auf dem **Gebiet des öffentlichen Rechts** trifft und die auf unmittelbare Rechtswirkung nach **außen** gerichtet ist. Nunmehr ist zu prüfen, ob die Tatbestandsmerkmale eines Verwaltungsaktes kumulativ vorliegen.*

*Zunächst ist zu prüfen, ob es sich bei der Ablehnung der Gaststättenerlaubnis um eine **hoheitliche Maßnahme** handelt.*

Eine Maßnahme ist jedes zweckgerichtete Handeln mit Erklärungsgehalt. Hoheitlich ist es dann, wenn die streitentscheidende Norm öffentlich-rechtlich ist. Dies ist nach der modifizierten Subjektstheorie dann der Fall, wenn durch diese Norm ausschließlich ein Träger hoheitlicher Gewalt berechtigt oder verpflichtet wird.

Hier lehnt die Stadt S die beantragte Gaststättenerlaubnis ab. Dies ist eine zweckgerichtete Handlung mit Erklärungsgehalt und stellt somit eine Maßnahme dar.

Die Ablehnung der Gaststättenerlaubnis richtet sich nach § 4 GastG. Fraglich ist, wer durch diese Norm berechtigt oder verpflichtet wird.

Nach § 30 GastG kann die Landesregierung die für die Ausführung des Gaststättengesetzes zuständigen Behörden bestimmen. In NRW hat die Landesregierung mit der Gewerberechtsverordnung (GewRV) davon Gebrauch gemacht.

Die zuständigen Behörden werden gemäß § 2 Abs. 1 GewRV nach Verwaltungsaufgaben aufgeteilt in der Anlage zu der GewRV aufgeführt. Nach § 2 Abs. 2 GewRV sind die für die Erteilung von Erlaubnissen zuständigen Behörden auch für deren Versagung zuständig.

Die im Gaststättengesetz genannten Verwaltungsaufgaben werden gemäß Nr. 3 der Anlage III und der Anlage II zur GewRV von den örtlichen Ordnungsbehörden wahrgenommen.

Die Aufgaben der örtlichen Ordnungsbehörden nehmen nach § 3 Abs. 1 Ordnungsbehördengesetz NRW (OBG NRW) die Gemeinden wahr. Eine Gemeinde ist nach § 1 Abs. 2 GO NRW eine Gebietskörperschaft, also eine Körperschaft des öffentlichen Rechts und somit auch eine juristische Person des öffentlichen Rechts.

Folglich wird durch § 4 GastG i.V.m. § 30 GastG, § 2 Abs. 1 GewRV, Nr. 3 Anlage III, Anlage II GewRV nur ein Träger hoheitlicher Gewalt dazu berechtigt, eine Gaststättenerlaubnis abzulehnen.

Nach dieser Rechtsnorm kann nur ein Träger hoheitlicher Gewalt Gaststättenerlaubnisse ablehnen. Folglich handelt es sich um eine öffentlich-rechtliche Norm.

Demnach ist die Ablehnung der Gaststättenerlaubnis eine hoheitliche Maßnahme.

*Jede hoheitliche Maßnahme findet auf dem **Gebiet des öffentlichen Rechts** statt. Folglich ist auch dieses Merkmal erfüllt.*

*Fraglich ist, ob die Stadt S bei der Ablehnung der Gaststättenerlaubnis als **Behörde** gehandelt hat.*

Die Prüfung der Behörde gliedert sich in die Prüfung der Behörde im Rechtssinne und in die Prüfung der Behörde im organisatorischen Sinne.

Zunächst müsste es sich bei der erlassenen Stelle um eine Behörde im Rechtssinne handeln. Nach § 1 Abs. 2 VwVfG NRW ist Behörde im Rechtssinne jede Stelle, die Aufgaben der öffentlichen Verwaltung wahrnimmt. Die Tätigkeit im Einzelfall ist also entscheidend, es kommt auf den Verwaltungsbegriff im materiellen Sinn an. Nach Art. 20 Abs. 2 Satz 2 GG ist öffentliche Verwaltung jede Staatstätigkeit, die nicht Gesetzgebung, Rechtsprechung oder spezifische Regierungstätigkeit ist.

Bei der Ablehnung der Gaststättenerlaubnis nimmt die Stadt S eine Staatstätigkeit wahr. Es handelt sich bei der Ablehnung der Gaststättenerlaubnis nicht um Gesetzgebung, Rechtsprechung oder eine spezifische Regierungstätigkeit. Folglich hat die erlassene Stelle Aufgaben der öffentlichen Verwaltung wahrgenommen. Somit handelt es sich bei der erlassenen Stelle um eine Behörde im Rechtssinne.

Weiterhin müsste es sich bei der erlassenen Stelle auch um eine Behörde im organisatorischen Sinne handeln. Behörde im organisatorischen Sinn ist jedes Organ einer juristischen Person des öffentlichen Rechts, welches mit Außenvertretungszuständigkeit ausgestattet ist.

Zunächst ist fraglich, ob es sich bei der kreisangehörigen Stadt S um eine juristische Person des öffentlichen Rechts handelt. Die Stadt S ist als kreisangehörige Stadt eine Gemeinde. Gemeinden sind nach § 1 Abs. 2 GO NRW Gebietskörperschaften, also auch Körperschaften des öffentlichen Rechts. Demnach ist die kreisangehörige Stadt S auch eine juristische Person des öffentlichen Rechts.

Eine kreisangehörige Stadt wird nach § 63 Abs. 1 Satz 1 GO NRW durch den Bürgermeister vertreten. Demnach ist der Bürgermeister auch das Organ mit Außenvertretungszuständigkeit. Der Bürgermeister der kreisangehörigen Stadt S ist also auch die Behörde im organisatorischen Sinn.

Insgesamt bleibt somit festzuhalten, dass der Bürgermeister der kreisangehörigen Stadt S die Behörde ist. Es ist mangels entgegenstehender Anhaltspunkte im Sachverhalt zu unterstellen, dass dieser als erlassene Stelle auch gehandelt hat. Somit ist auch dieses Tatbestandsmerkmal erfüllt.

Der Bürgermeister der Stadt S hat folglich bei der Ablehnung der Gaststättenerlaubnis als Behörde gehandelt.

Zu prüfen ist, ob die Ablehnung der Gaststättenerlaubnis eine ***Regelung*** *ist.*

Eine Regelung ist eine Maßnahme, die darauf gerichtet ist, eine unmittelbare Rechtsfolge zu setzen und diese auch bewirkt. Eine Rechtsfolge ist die Begründung, Veränderung, Aufhebung oder Verneinung von Rechten oder Pflichten oder die verbindliche Feststellung von Rechten, Pflichten oder Rechtstatsachen.

Hier wird die beantragte Gaststättenerlaubnis durch die Stadt S abgelehnt. B erhält damit nicht das Recht, die Gaststätte zu führen. Ihm wird dieses neue Recht durch die Ablehnung verwehrt. Folglich werden neue Rechte verneint.

Damit handelt es sich bei der Ablehnung der Gaststättenerlaubnis um eine Regelung.

Fraglich ist, ob die Ablehnung der Gaststättenerlaubnis ein ***Einzelfall*** *ist.*

Die Prüfung des Einzelfalls gliedert sich in die Prüfung nach dem geregelten Fall und in die Prüfung nach dem betroffenen Adressaten.

Der geregelte Fall könnte konkret sein. Konkret ist ein Fall, wenn er nach Zeit, Ort, sonstigen Umständen und auch nach den Personen derart bestimmt ist, dass er sich in dieser Konstellation nur einmal ereignen kann.

Die Ablehnung der Gaststättenerlaubnis für das von B geplante Ladenlokal „sabroso" in der Fußgängerzone der kreisangehörigen Stadt S ist nach dem Ort und den sonstigen Umständen so bestimmt, dass sich die Ablehnung in der vorliegenden Konstellation nur einmal ereignen kann. Der geregelte Fall ist demnach konkret.

Weiterhin könnte der betroffene Adressat individuell sein. Richtet sich die Maßnahme an bestimmte Personen, die mit Namen bezeichnet werden können und zahlenmäßig feststehen, handelt es sich um eine individuelle Regelung. Die Ablehnung der Gaststättenerlaubnis richtet sich ausschließlich an B, eine zahlenmäßig feststehende und namentlich bezeichnete Person. Somit ist der betroffene Adressat individuell.

Insgesamt liegt somit eine konkret-individuelle Regelung und demnach auch ein Einzelfall vor.

Folglich ist die Ablehnung der Gaststättenerlaubnis ein Einzelfall.

Zuletzt ist zu prüfen, ob die Ablehnung der Gaststättenerlaubnis auch ***Außenwirkung*** *hat.*

Eine Maßnahme hat Außenwirkung, wenn die beabsichtigte Rechtsfolge gegenüber einer außerhalb der Verwaltung stehenden Person eintreten soll und das Verwaltungshandeln auch tatsächlich den verwaltungsinternen Bereich verlässt.

Die Ablehnung der Gaststättenerlaubnis ist an B gerichtet. Dieser ist kein Mitarbeiter der Verwaltung und damit eine außerhalb der Verwaltung stehende natürliche Person. Die Ablehnung der Gaststättenerlaubnis wird dem B postalisch bekanntgegeben, folglich wurde der interne Verwaltungsbereich auch verlassen.

Folglich hat die Ablehnung der Gaststättenerlaubnis Außenwirkung.

Insgesamt sind alle Voraussetzungen des § 35 Satz 1 VwVfG NRW erfüllt, sodass es sich bei der Ablehnung der Gaststättenerlaubnis durch die Stadt S an B um einen Verwaltungsakt handelt.

Anmerkungen zum Lösungsvorschlag
Gutachterlich sollte auch hier wieder erkennbar sein, dass die Hauptfrage der Eigenschaft als Verwaltungsakt in mehrere kleine „Minigutachten" aufgeteilt ist. Die Voraussetzungen des Verwaltungsaktes werden hintereinander mit der bekannten gutachterlichen Vorgehensweise in Obersatz, Definition, Subsumtion und Ergebnis geprüft.

Bei den Merkmalen des Verwaltungsaktes wurde die modifizierte Subjektstheorie und damit die Abgrenzung von Privatrecht und öffentlichem Recht im Rahmen der „hoheitlichen Maßnahme" geprüft. Es wird nicht verkannt, dass dies auch unter dem Merkmal „Gebiet des öffentlichen Rechts" gefasst werden könnte. Dazu finden Sie unten eine alternative Lösung. Es steht der gutachterlichen Systematik auch nicht entgegen, wenn Sie mit abweichenden Definitionen arbeiten sollten.

Sollte es sich im Ausgangsfall bei der Stadt S um eine kreisfreie Stadt handeln, dann müsste bei der Prüfung der Behörde im organisatorischen Sinne als Vertretungsorgan entsprechend § 63 Abs. 1 Satz 1 GO NRW i.V.m. § 40 Abs. 2 Satz 3 GO NRW auf den Oberbürgermeister der kreisfreien Stadt S abgestellt werden, der dann die Behörde im organisatorischen Sinne und demnach auch die Behörde ist.

Bei der Prüfung des Tatbestandsmerkmals des Einzelfalls ist dem Grundgedanken des § 35 Satz 1 VwVfG NRW folgend zunächst die konkret-individuelle Regelung zu thematisieren. Wäre der geregelte Fall nicht „konkret", müsste man prüfen, ob er dann nicht „abstrakt" ist. Entsprechendes gilt für die Prüfung des betroffenen Adressaten. Wäre dieser nicht „individuell", müsste geprüft werden, ob er nicht „generell" ist. Durch diese Vorgehensweise wird den möglichen vier Kombinationen bei der Prüfung nach dem geregelten Fall sowie nach dem betroffenen Adressaten umfassend gutachterlich Rechnung getragen. Dies sollte bei den Lehrgängen auf VL-I-Niveau erwartet werden, kann aber bei den Lehrgängen auf VL-II-Niveau aufgrund anderer curricularer Schwerpunktbildung sicherlich nicht ganz so „strikt" gutachterlich erfolgen.

Alternative Lösung bzgl. hoheitlicher Maßnahme / Gebiet des öffentlichen Rechts

[...]

*Zunächst ist zu prüfen, ob es sich bei der Ablehnung der Gaststättenerlaubnis um eine **Maßnahme** handelt.*

Eine Maßnahme ist jedes zweckgerichtete Handeln mit Erklärungsgehalt. Hier lehnt die Stadt S die beantragte Gaststättenerlaubnis ab. Dies ist eine zweckgerichtete Handlung mit Erklärungsgehalt und stellt somit eine Maßnahme dar.

Folglich handelt es sich bei der Ablehnung der Gaststättenerlaubnis um eine Maßnahme.

[Merkmale „Behörde", „Regelung", „Einzelfall" bleiben unverändert]

Zu prüfen ist, ob die Ablehnung der Gaststättenerlaubnis auf dem ***Gebiet des öffentlichen Rechts*** *stattfindet.*

(Hier ist das Privatrecht vom öffentlichen Recht abzugrenzen.) Nach der modifizierten Subjektstheorie gehört eine Norm zum öffentlichen Recht, wenn diese Norm ausschließlich einen Träger hoheitlicher Gewalt berechtigt oder verpflichtet.

Die Ablehnung der Gaststättenerlaubnis richtet sich nach § 4 GastG. Fraglich ist, wer durch diese Norm berechtigt oder verpflichtet wird.

Nach § 30 GastG kann die Landesregierung die für die Ausführung des Gaststättengesetzes zuständigen Behörden bestimmen. In NRW hat die Landesregierung mit der Gewerberechtsverordnung (GewRV) davon Gebrauch gemacht.

Die zuständigen Behörden werden gemäß § 2 Abs. 1 GewRV nach Verwaltungsaufgaben aufgeteilt in der Anlage zu der GewRV aufgeführt. Nach § 2 Abs. 2 GewRV sind die für die Erteilung von Erlaubnissen zuständigen Behörden auch für deren Versagung zuständig.

Die im Gaststättengesetz genannten Verwaltungsaufgaben werden gemäß Nr. 3 der Anlage III und der Anlage II zur GewRV von den örtlichen Ordnungsbehörden wahrgenommen.

Die Aufgaben der örtlichen Ordnungsbehörden nehmen nach § 3 Abs. 1 Ordnungsbehördengesetz NRW (OBG NRW) die Gemeinden wahr. Eine Gemeinde ist nach § 1 Abs. 2 GO NRW eine Gebietskörperschaft, also eine Körperschaft des öffentlichen Rechts und somit auch eine juristische Person des öffentlichen Rechts.

Folglich wird durch § 4 GastG i.V.m. § 30 GastG, § 2 Abs. 1 GewRV, Nr. 3 Anlage III, Anlage II GewRV nur ein Träger hoheitlicher Gewalt dazu berechtigt, eine Gaststättenerlaubnis abzulehnen.

Demnach findet die Ablehnung der Gaststättenerlaubnis auf dem Gebiet des öffentlichen Rechts statt.

[Merkmal „Außenwirkung" bleibt unverändert]

2.1.6 Rechtmäßigkeit eines VA

Sachverhalt
B beantragt für sein geplantes Ladenlokal *sabroso* in der Fußgängerzone der Stadt S eine Gaststättenerlaubnis bei der Ordnungsbehörde der Stadt S. Er möchte dort vor allem Wein und spanische Gerichte zum Verzehr zu Hause anbieten, aber auch einige Tische und Stühle aufstellen, um auch vor Ort Getränke ausschenken und Gerichte anbieten zu können.

B ist bereits mehrfach vorbestraft wegen verbotenen Glücksspiels, daher ist die Sache für die Stadt S sofort klar, der Antrag ist abzulehnen. Ohne den B vorher zu informieren, wird ihm daher die hinreichend begründete Ablehnung der Gaststättenerlaubnis postalisch bekanntgegeben.

Prüfen Sie gutachterlich die Rechtmäßigkeit der Ablehnung der Gaststättenerlaubnis.

Hinweise zur Fallgestaltung
Im vorstehenden Fall geht es um die gutachterliche Prüfung der Rechtmäßigkeit eines Verwaltungsaktes. Diese Frage schließt sich regelmäßig der Bejahung der Eigenschaft als Verwaltungsakt an und kann entweder in Gänze oder jedenfalls in Teilen auch bereits auf VL-I-Niveau prüfungsrelevant sein. Hier sind also Vorkenntnisse zum Prüfungsschema der Rechtmäßigkeit unerlässlich.

Lösungsvorschlag

Fraglich ist, ob die Ablehnung der Gaststättenerlaubnis des B durch die Stadt S rechtmäßig ist. Dann müsste sie auf einer wirksamen Ermächtigungsgrundlage beruhen und formell sowie materiell rechtmäßig sein.

Als Ermächtigungsgrundlage kommt hier § 4 Abs. 1 Nr. 1 GastG in Betracht.

*Fraglich ist, ob die Ablehnung der Gaststättenerlaubnis **formell rechtmäßig** ist. Dann müsste die Stadt S zuständig gewesen sein und die Vorschriften über das Verfahren, die Form und Bekanntgabe eingehalten haben.*

*Zunächst ist die **Zuständigkeit** der Stadt S zu prüfen.*

Nach § 30 GastG kann die Landesregierung die für die Ausführung des Gaststättengesetzes zuständigen Behörden bestimmen. In NRW hat die Landesregierung mit der Gewerberechtsverordnung (GewRV) davon Gebrauch gemacht.

Die zuständigen Behörden werden gemäß § 2 Abs. 1 GewRV nach Verwaltungsaufgaben aufgeteilt in der Anlage zu der GewRV aufgeführt. Nach § 2 Abs. 2 GewRV sind die für die Erteilung von Erlaubnissen zuständigen Behörden auch für deren Versagung zuständig.

Die im Gaststättengesetz genannten Verwaltungsaufgaben werden gemäß Nr. 3 der Anlage III und der Anlage II zur GewRV von den örtlichen Ordnungsbehörden wahrgenommen.

Die Aufgaben der örtlichen Ordnungsbehörden nehmen nach § 3 Abs. 1 Ordnungsbehördengesetz NRW (OBG NRW) die Gemeinden wahr. Örtlich zuständig ist nach § 4 Abs. 1 OBG NRW die Gemeinde, in deren Bezirk die zu schützenden Interessen liegen.

Hier liegt das Ladenlokal des B in der Stadt S. Folglich ist die Ordnungsbehörde der Stadt S für die Entscheidung über die Gaststättenerlaubnis zuständig.

*Fraglich ist, ob das Verwaltungs**verfahren** ordnungsgemäß abgelaufen ist.*

Nach § 28 Abs. 1 VwVfG NRW ist dem Beteiligten vor Erlass eines Verwaltungsaktes, der in seine Rechte eingreift, die Möglichkeit der Stellungnahme einzuräumen. Bei der Ablehnung der Gaststättenerlaubnis handelt es sich (wie bereits oben geprüft) um einen Verwaltungsakt nach § 35 Satz 1 VwVfG NRW. Durch die Ablehnung darf B nicht als Gastwirt tätig sein, folglich ist diese auch belastend. Eine Anhörung ist somit vor Erlass der Ablehnung der Gaststättenerlaubnis durchzuführen.

Hier wurde „ohne den B vorher zu informieren" die Ablehnung der Gaststättenerlaubnis veranlasst. Es wurde also keine Anhörung durchgeführt. Das Verwaltungsverfahren ist damit nicht rechtmäßig abgelaufen.

Die Ablehnung der Gaststättenerlaubnis ist somit zunächst formell rechtswidrig.

Weitere Probleme im Verwaltungsverfahren (Befangenheit o.ä.) sind nicht erkennbar.

*Fraglich ist, ob bei der Ablehnung der Gaststättenerlaubnis die **Form**vorschriften eingehalten wurden.*

Nach § 37 Abs. 2 Satz 1 VwVfG NRW kann ein Verwaltungsakt schriftlich erlassen werden. Er ist nach § 39 Abs. 1 VwVfG NRW mit einer Begründung zu versehen. Hier wurde dem B ein schriftlicher Bescheid mit ordnungsgemäßer Begründung bekanntgegeben. Folglich wurden die Formvorschriften eingehalten.

*Die Ablehnung der Gaststättenerlaubnis müsste auch **ordnungsgemäß bekanntgegeben** worden sein.*

Nach § 41 Abs. 1 VwVfG NRW ist ein Verwaltungsakt demjenigen Beteiligten bekanntzugeben, für den er bestimmt ist. Der Verwaltungsakt wird dann gemäß § 43 Abs. 1 VwVfG NRW mit der Bekanntgabe wirksam.

Hier erhält der B die Entscheidung über seine beantragte Gaststättenerlaubnis postalisch. Eine ordnungsgemäße Bekanntgabe liegt somit vor.

Aufgrund der fehlenden Anhörung ist die Ablehnung der Gaststättenerlaubnis damit insgesamt formell rechtswidrig.

Fraglich ist, ob die Ablehnung der Gaststättenerlaubnis ***materiell rechtmäßig*** *ist. Dazu müssten die Tatbestandsvoraussetzungen der Ermächtigungsgrundlage erfüllt und die Rechtsfolge eingehalten worden sein.*

Nach § 4 Abs. 1 Nr. 1 GastG ist die Gaststättenerlaubnis zu versagen, wenn Tatsachen die Annahme rechtfertigen, dass der Antragsteller die für den Gewerbebetrieb erforderliche Zuverlässigkeit nicht besitzt, insbesondere verbotenem Glücksspiel Vorschub leisten wird.

Der B ist bereits wegen verbotenen Glücksspiels strafrechtlich verurteilt worden. Dies deutet auf seine Unzuverlässigkeit i.S.d. Vorschrift hin. Erschwerend kommt hinzu, dass er laut Sachverhalt schon mehrfach diesbezüglich verurteilt wurde. Folglich besteht die Annahme, dass er auch seine Gaststätte dazu verwenden wird, dem verbotenen Glücksspiel Vorschub zu leisten. Er besitzt mithin nicht die erforderliche Zuverlässigkeit i.S.d. § 4 Abs. 1 Nr. 1 GastG. Der Tatbestand der Ermächtigungsgrundlage liegt vor.

Auf der Rechtsfolgenseite sieht § 4 Abs. 1 Nr. 1 GastG mit der Formulierung „ist zu versagen" eine gebundene Entscheidung und damit kein Ermessen vor. Die Ablehnung der beantragten Gaststättenerlaubnis aufgrund der nicht vorliegenden Zuverlässigkeit ist damit materiell rechtmäßig.

Insgesamt ist die Ablehnung der Gaststättenerlaubnis also formell rechtswidrig, aber materiell rechtmäßig.

Anmerkungen zum Lösungsvorschlag

Soweit Rechtsvorschriften nicht in den zugelassenen Hilfsmitteln zu finden sind, müssten diese selbstverständlich für die Prüflinge separat abgedruckt werden. Dies könnte hier für die Prüfung der Zuständigkeit der Fall sein. Soweit der Sachverhalt angibt, dass die „zuständige Behörde" gehandelt hat, kann im Gutachten darauf verwiesen werden, sodass die Prüfung damit (deutlich) vereinfacht und verkürzt werden kann.

Achten Sie aber in Ihrem Gutachten darauf, die Formulierung „laut Sachverhalt" wirklich nur dann zu verwenden, wenn sich die Angaben auch tatsächlich ausdrücklich so aus dem Sachverhalt entnehmen lassen. Für den vorliegenden Fall wäre die Formulierung: „Laut Sachverhalt ist der B unzuverlässig" nicht korrekt. Denn diese Aussage ist im Sachverhalt so nicht zu finden.

Der aufgrund der fehlenden Anhörung hier zunächst formell rechtswidrige Verwaltungsakt könnte durch Heilung gemäß § 45 Abs. 1 Nr. 3, Abs. 2 VwVfG NRW ex tunc formell rechtmäßig werden.

2.1.7 Nebenbestimmungen

Sachverhalt
Gastwirt G beantragt die Erteilung einer Gaststättenerlaubnis für seine Gaststätte *sabroso*. Mit Schreiben vom heutigen Tag wird ihm die entsprechende Erlaubnis mit folgender Maßgabe erteilt:

„Sie haben dafür Sorge zu tragen, dass ab 22 Uhr die Fenster und Türen der Gaststätte geschlossen sind."

Prüfen Sie gutachterlich, um welche Art von Nebenbestimmung i.S.d. § 36 Abs. 2 VwVfG NRW es sich bei der v.g. Maßgabe handelt.

Hinweis: Es kann unterstellt werden, dass es sich bei der Erteilung einer Gaststättenerlaubnis um einen Verwaltungsakt gemäß § 35 Satz 1 VwVfG NRW handelt.

Hinweise zur Fallgestaltung
Im Vordergrund steht hier die Prüfung einer Nebenbestimmung gemäß § 36 Abs. 2 VwVfG NRW. Die Bearbeiter müssen die unterschiedlichen Arten der Nebenbestimmungen beherrschen und voneinander abgrenzen können.

Vorliegend war die VA-Qualität der Maßnahme lt. Hinweis vorgegeben und demnach auch nicht zu prüfen.

Lösungsvorschlag

Bei der Maßgabe könnte es sich um eine Auflage gemäß § 36 Abs. 2 Nr. 4 VwVfG NRW handeln.

Eine Auflage i.S.d. § 36 Abs. 2 Nr. 4 VwVfG NRW ist eine Bestimmung, durch die dem Begünstigten ein Tun, Dulden oder Unterlassen vorgeschrieben wird.

Nunmehr sind die Voraussetzungen einer Auflage zu prüfen.

Zunächst müsste es sich bei der Erteilung der Gaststättenerlaubnis um einen begünstigenden Verwaltungsakt handeln.

Zunächst müsste also ein Verwaltungsakt vorliegen.

Lt. Hinweis ist zu unterstellen, dass es sich bei der Erteilung der Gaststättenerlaubnis um einen Verwaltungsakt gemäß § 35 Satz 1 VwVfG NRW handelt.

Weiterhin müsste dieser Verwaltungsakt auch begünstigend sein. Ein Verwaltungsakt ist gemäß § 48 Abs. 1 Satz 2 VwVfG NRW begünstigend, wenn er ein Recht oder einen rechtlich erheblichen Vorteil begründet oder bestätigt.

Mit der Gaststättenerlaubnis erhält Gastwirt G das Recht, die Gaststätte „sabroso" zu betreiben. Dieses Recht hatte G zuvor nicht, so dass dieses Recht begründet wird. Somit stellt die Erteilung der Gaststättenerlaubnis auch einen begünstigenden Verwaltungsakt dar.

Weiterhin müsste der Gaststättenerlaubnis mit der Maßgabe ein Gebot beigefügt worden sein.

Ein Gebot i.S.d. § 55 Abs. 1 VwVG NRW stellt jedes (befehlende) Tun oder Dulden dar. Mit der Maßgabe wird Gastwirt G aufgegeben, Sorge dafür zu tragen, dass Fenster und Türen der Gaststätte ab 22 Uhr geschlossen sind. Dies stellt ein (befehlendes) Tun dar. Somit wurde der Gaststättenerlaubnis mit der Maßgabe auch ein Gebot i.S.d. § 55 Abs. 1 VwVG NRW beigefügt.

Abschließend müsste zum Zeitpunkt der Erfüllung der Maßgabe die innere Wirksamkeit des (Grund-)VA bereits eingetreten sein.

Die innere Wirksamkeit stellt auf den Eintritt der mit dem VA begehrten Rechtsfolge ab. Die Anforderung, die Fenster und Türen der Gaststätte ab 22 Uhr geschlossen zu halten, macht nur dann Sinn, wenn Gastwirt G von der Gaststättenerlaubnis auch Gebrauch macht. Insofern muss die Gaststätte betrieben werden, bevor G dieser Pflicht nachkommen kann.

Folglich ist zum Zeitpunkt der Erfüllung der Maßgabe auch die innere Wirksamkeit des (Grund-)Verwaltungsakts eingetreten.

Somit sind alle Voraussetzungen einer Auflage erfüllt.

Folglich handelt es sich bei der Maßgabe auch um eine Auflage gemäß § 36 Abs. 2 Nr. 4 VwVfG NRW.

Anmerkungen zum Lösungsvorschlag
Die einzelnen Arten der Nebenbestimmungen sind in § 36 Abs. 2 Nr.1–5 VwVfG NRW legal definiert, so dass man auf der Definitionsstufe nur die jeweilige Ziffer „abschreiben" muss. Das gleiche gilt für die Definition des „begünstigenden VA" in § 48 Abs. 1 Satz 2 VwVfG NRW sowie für die Definition des Gebots in § 55 Abs. 1 VwVG NRW.

2.1.8 Zulässigkeit einer Anfechtungsklage

Sachverhalt
B führt mit rechtmäßig erteilter Gaststättenerlaubnis das Ladenlokal *sabroso* in der Fußgängerzone der Stadt S.

Nachdem die zuständige Ordnungsbehörde der Stadt S von der strafrechtlichen Verurteilung des B durch das zuständige Landgericht von vor drei Wochen wegen verbotenen

Glücksspiels und Hehlerei erfährt, hebt sie die Gaststättenerlaubnis des B nach vorheriger Anhörung durch schriftlichen Bescheid auf.

B ist mit dieser Entscheidung nicht einverstanden und erhebt noch am Tag der Bekanntgabe der Aufhebung Klage beim zuständigen Verwaltungsgericht. Er schreibt dem Gericht wörtlich: „Bitte verurteilen Sie den Bürgermeister der Stadt S, mir wieder meine Gaststättenerlaubnis zu erteilen".

Prüfen Sie gutachterlich die Zulässigkeit der Klage des B.

Hinweise zur Fallgestaltung
Im vorstehenden Fall geht es um die gutachterliche Prüfung der Zulässigkeit einer Klage. Es ist Vorwissen im Prozessrecht nach der Verwaltungsgerichtsordnung (VwGO) sowie im allgemeinen Verwaltungsverfahrensrecht über die Aufhebung von Verwaltungsakten notwendig. Hier wird vor allem das für (zukünftige) Prozesssachbearbeiter der Verwaltung grundlegend notwendige Verständnis von (Verwaltungs-/) Prozessrecht verarbeitet.

Lösungsvorschlag

Zu prüfen ist, ob die Klage des B gegen die Aufhebung seiner Gaststättenerlaubnis zulässig ist. Dies ist der Fall, wenn nachfolgende Sachentscheidungsvoraussetzungen vorliegen.

Fraglich ist, ob der ***Verwaltungsrechtsweg*** *eröffnet ist.*

Eine aufdrängende Sonderzuweisung ist nicht ersichtlich, insofern richtet sich die Eröffnung des Verwaltungsrechtsweges nach der Generalklausel aus § 40 Abs. 1 Satz 1 VwGO. Demnach ist der Verwaltungsrechtsweg in allen öffentlich-rechtlichen Streitigkeiten nichtverfassungsrechtlicher Art eröffnet.

Ob eine Streitigkeit öffentlich-rechtlich ist, lässt sich über die modifizierte Subjektstheorie herausfinden. Demnach ist eine Streitigkeit dann öffentlich-rechtlich, wenn die streitentscheidende Norm öffentlich-rechtlich ist. Dies ist dann der Fall, wenn durch diese Norm ausschließlich ein Träger hoheitlicher Gewalt berechtigt oder verpflichtet wird.

Hier geht es um die Aufhebung der Gaststättenerlaubnis des B. Diese richtet sich nach § 15 Abs. 2 GastG.

Fraglich ist, wer durch diese Norm berechtigt oder verpflichtet wird.

Nach § 30 GastG kann die Landesregierung die für die Ausführung des Gaststättengesetzes zuständigen Behörden bestimmen. In NRW hat die Landesregierung mit der Gewerberechtsverordnung (GewRV) davon Gebrauch gemacht.

Die zuständigen Behörden werden gemäß § 2 Abs. 1 GewRV nach Verwaltungsaufgaben aufgeteilt in der Anlage zu der GewRV aufgeführt. Nach § 2 Abs. 2 GewRV sind die für die Erteilung von Erlaubnissen zuständigen Behörden auch für deren Versagung zuständig.

Die im Gaststättengesetz genannten Verwaltungsaufgaben werden gemäß Nr. 3 der Anlage III und der Anlage II zur GewRV von den örtlichen Ordnungsbehörden wahrgenommen.

Die Aufgaben der örtlichen Ordnungsbehörden nehmen nach § 3 Abs. 1 Ordnungsbehördengesetz NRW (OBG NRW) die Gemeinden wahr. Eine Gemeinde ist nach § 1 Abs. 2 GO NRW eine Gebietskörperschaft, also eine Körperschaft des öffentlichen Rechts und somit auch eine juristische Person des öffentlichen Rechts.

Folglich wird durch § 15 Abs. 2 GastG i.V.m. § 30 GastG, § 2 Abs. 1 GewRV, Nr. 3 Anlage III, Anlage II GewRV nur ein Träger hoheitlicher Gewalt dazu berechtigt, eine Gaststättenerlaubnis aufzuheben.

Folglich kann nur ein Träger hoheitlicher Gewalt eine (rechtmäßig erteilte) Gaststättenerlaubnis widerrufen. Es handelt sich somit um eine öffentlich-rechtliche Streitigkeit.

Es streiten hier auch keine Verfassungsorgane miteinander, es wird nicht über Verfassungsrecht gestritten. Folglich liegt eine öffentlich-rechtliche Streitigkeit nichtverfassungsrechtlicher Art vor, sodass der Verwaltungsrechtsweg nach § 40 Abs. 1 Satz 1 VwGO eröffnet ist.

Eine abdrängende Sonderzuweisung ist nicht ersichtlich.

Fraglich ist, welche Klageart ***statthaft*** *ist.*

Dies richtet sich gemäß § 88 VwGO nach dem Klagebegehren des Klägers. Hier trägt der B vor, er wolle die Erteilung einer Gaststättenerlaubnis erzwingen. Bei der Erteilung der Gaststättenerlaubnis würde es sich um einen begünstigenden Verwaltungsakt i.S.d. § 35 Satz 1 VwVfG NRW handeln, sodass dieses Klageziel mit der Verpflichtungsklage gemäß § 42 Abs. 1 Var. 2 VwGO erreichbar wäre. Allerdings verkennt B, dass er bereits im Besitz einer Gaststättengenehmigung gewesen ist, die durch den Widerruf aufgehoben wurde. Er verfolgt also vielmehr das Ziel, den Widerruf der Gaststättenerlaubnis aus der Welt zu schaffen.

Bei dem Widerruf der Gaststättenerlaubnis handelt es sich als actus contrarius um einen Verwaltungsakt i.S.d. § 35 Satz 1 VwVfG NRW. Das Klageziel, die Aufhebung dieses Verwaltungsaktes, kann B also mit der Anfechtungsklage erreichen. Dieser Wille wird durch seinen Vortrag deutlich, folglich ist die Anfechtungsklage gemäß § 42 Abs. 1 Var. 1 VwGO die statthafte Klageart.

*Zu prüfen ist, ob B **klagebefugt** ist.*

Dies ist nach § 42 Abs. 2 VwGO dann der Fall, wenn er eine Rechtsverletzung geltend machen kann. Es geht hier nur um die Möglichkeit einer Rechtsverletzung. Nach der Adressatentheorie ist der Adressat eines belastenden Verwaltungsaktes möglicherweise in seinem Grundrecht auf freie Entfaltung der Persönlichkeit aus Art. 2 Abs. 1 GG verletzt.

B ist Adressat des Widerrufs der Gaststättenerlaubnis. Er darf damit den Gaststättenbetrieb nicht fortführen, folglich ist diese Entscheidung belastend. Als Adressat des belastenden Verwaltungsaktes ist B damit möglichweise in seinen Rechten verletzt und somit klagebefugt.

*Das nach § 68 VwGO vorgesehene **Vorverfahren** ist in NRW nach § 110 JustG NRW ausgesetzt. Ausnahmen sind nicht ersichtlich.*

*Fraglich ist, ob B die **Klagefrist** eingehalten hat.*

Die Klagefrist bei der Anfechtungsklage beträgt nach § 74 Abs. 1 Satz 2 VwGO einen Monat nach Bekanntgabe des Verwaltungsaktes. Hier erhebt B am Tag der Bekanntgabe und damit fristgerecht die Klage beim Verwaltungsgericht.

*Zu prüfen ist, wer der richtige **Klagegegner** ist.*

Nach § 78 Abs. 1 Nr. 1 VwGO ist die Klage gegen den Rechtsträger der Behörde zu richten, welche den Verwaltungsakt erlassen hat.

Hier hat das Ordnungsamt der Stadt S die Aufhebung der Gaststättenerlaubnis erlassen, gegen welche sich B wendet. B richtet die Klage gegen „den Bürgermeister" der Stadt S. Rechtsträger der Ordnungsbehörde ist die Stadt S, folglich ist die Klage gegen die Stadt S und nicht gegen den Bürgermeister zu richten. Von der Möglichkeit aus § 78 Abs. 1 Nr. 2 VwGO, die Klage gegen Behörden zu richten, wurde in NRW durch den Gesetzgeber kein Gebrauch gemacht. Allerdings genügt zur Bezeichnung des Beklagten nach § 78 Abs. 1 Nr. 1 VwGO die Angabe der Behörde. Folglich sind die Angaben des B ausreichend, um die Klage gegen die Stadt S zu richten.

*Fraglich ist, ob B die Klage beim **zuständigen Gericht** erhoben hat. Laut Sachverhalt erhebt B die Klage beim zuständigen Verwaltungsgericht.*

*Zu prüfen ist, ob B die Klage auch ordnungsgemäß i.S.d. § 81 VwGO erhoben hat. Hier liegen keine gegenteiligen Anhaltspunkte vor, folglich ist von einer **ordnungsgemäßen Klageerhebung** auszugehen.*

*Fraglich ist, ob B und die Stadt S **beteiligten-** und **prozessfähig** sind.*

Die Beteiligtenfähigkeit des B als natürliche und der Stadt S als juristische Person des öffentlichen Rechts ergeben sich aus § 61 Nr. 1 VwGO. Ebenfalls ist B als natürliche Person prozessfähig nach § 62 Abs. 1 Nr. 1 VwGO, für die Stadt S gilt dies über ihren gesetzlichen Vertreter, also gemäß § 63 Abs. 1 Satz 1 GO NRW den Bürgermeister.

Nach § 67 Abs. 1 VwGO besteht vor dem Verwaltungsgericht kein Anwaltszwang, sodass sich B selbst vertreten kann, die ***Postulationsfähigkeit*** *liegt damit vor.*

B reicht die Klage auch nicht missbräuchlich ein, sodass zuletzt das allgemeine ***Rechtsschutzbedürfnis*** *vorliegt.*

Insgesamt ist die Klage des B damit zulässig.

Anmerkungen zum Lösungsvorschlag
Der Sachverhalt problematisiert hier vor allem die Statthaftigkeit der Klageart, also die Abgrenzung der Anfechtungs- von der Verpflichtungsklage sowie den richtigen Klagegegner. Beliebig könnte der Sachverhalt z.B. auch noch durch Probleme bei der Fristberechnung (bspw. unrichtige oder fehlende Rechtsbehelfsbelehrung, § 58 Abs. 2 VwGO) ergänzt werden, um auf Grundlagenwissen des allgemeinen Verwaltungsrechts zurückzugreifen.

Aufgrund des Grundsatzes „lex specialis" kann die allgemeine Vorschrift § 49 VwVfG NRW über den Widerruf von rechtmäßigen Verwaltungsakten hier keine Anwendung finden, denn das Gaststättengesetz hat den Widerruf in § 15 Abs. 2 und 3 GastG abschließend geregelt.

Da sich die Prüfung der Erfolgsaussicht einer Klage tendenziell eher im VL-II-Niveau abspielen dürfte, wird hier in diesem Rahmen keine ausführliche Verwaltungsaktprüfung mehr verlangt. Vielmehr dürfte die Feststellung über die Qualität als Verwaltung wie in der hier geschehenen Form hinreichend sein. Der Schwerpunkt einer Gesamtprüfung dürfte darüber hinaus dann ohnehin in der Begründetheit der Klage liegen.

2.2 RECHT DER GEFAHRENABWEHR

2.2.1 Vollzugshilfe

Sachverhalt
Die zuständige Ordnungsbehörde der Stadt S in NRW plant die zwangsweise Aufenthaltsbeendigung des ausländischen Staatsangehörigen A. Bei der Sichtung der Ausländerakte fällt auf, dass der A bereits mehrfach wegen gefährlicher Körperverletzung vorbestraft ist. Darüber hinaus sind Vermerke über das aggressive Verhalten des A bei vorherigen Vorsprachen aktenkundig. Ebenfalls ist bekannt, dass A in seiner Wohnung einen gefährlichen Hund der Rasse Pitbull Terrier hält.

Hinsichtlich der freiwilligen Ausreise hat A bereits mehrfach seine Nichtbereitschaft kundgetan und für den Fall der zwangsweisen Aufenthaltsbeendigung angekündigt, sich mit allen Mitteln zu wehren. Es wird also für die zwangsweise Aufenthaltsbeendigung mit körperlichem Widerstand des A gerechnet, auch der gefährliche Hund bereitet der Ordnungsbehörde Bedenken.

Wegen krankheitsbedingten Personalausfällen und diverser unbesetzter Stellen hat die Stadt S nun für die zwangsweise Aufenthaltsbeendigung Bedenken, die Maßnahme sachgerecht und sicher durchführen zu können. Es kommt die Frage auf, ob die örtliche Polizeidienststelle zur Vollzugshilfe verpflichtet ist.

Prüfen Sie gutachterlich, ob die Polizei hier zur Vollzugshilfe verpflichtet ist.

Hinweise zur Fallgestaltung
Im vorstehenden Fall geht es um die gutachterliche Prüfung der Vollzugshilfe als besondere Form der Amtshilfe. Die Rechtsgrundlagen finden sich im OBG NRW, welches auf das PolG NRW verweist. In NRW sind in Abweichung zu anderen Bundesländern regelmäßig die kommunalen Ausländerbehörden für die Aufenthaltsbeendigung zuständig.

Lösungsvorschlag

Fraglich ist, ob die Polizei zur Vollzugshilfe bei der zwangsweisen Aufenthaltsbeendigung des A für die Stadt S verpflichtet ist.

Nach § 2 OBG NRW leistet die Polizei den Ordnungsbehörden Vollzugshilfe nach den Vorschriften §§ 47 bis 49 PolG NRW. Nach § 47 Abs. 1 PolG NRW leistet die Polizei auf Ersuchen Vollzugshilfe, wenn unmittelbarer Zwang anzuwenden ist und die andere Behörde nicht über die hierzu erforderlichen Dienstkräfte verfügt.

Zunächst müsste also unmittelbarer Zwang anzuwenden sein.

Hier ist die zwangsweise Aufenthaltsbeendigung des A geplant. Die Ausreise des A kann nur durch ihn selbst vorgenommen werden, es liegt keine vertretbare Handlung und damit keine Ersatzvornahme vor. Die Aufenthaltsbeendigung soll hier vielmehr zwangsweise erfolgen, der Aufenthalt des A muss gegen seinen Willen ggf. mit körperlicher Gewalt beendet werden. Als einziges Zwangsmittel sieht das Aufenthaltsgesetz in § 58 Abs. 1 dazu die Abschiebung und damit den unmittelbaren Zwang vor.

Es ist folglich beabsichtigt, unmittelbaren Zwang anzuwenden.

Fraglich ist, ob die Ordnungsbehörde für die Umsetzung der Maßnahme nicht über die erforderlichen Dienstkräfte verfügt.

Hier ist die Ordnungsbehörde durch krankheitsbedingte Ausfälle und diverse unbesetzte Stellen personell eher schwach aufgestellt. Zudem ist nach Aktenlage mit körperlichem Widerstand des A zu rechnen. Die Tatsache, dass sich in der Wohnung des A ein gefährlicher Hund aufhält, spricht zudem für einen notwendigen erhöhten

Personaleinsatz, ggf. auch durch bewaffnete Dienstkräfte. Aufgrund der Gesamtumstände verfügt die Ordnungsbehörde der Stadt S somit nicht über die erforderlichen Dienstkräfte, um die Maßnahme durchzusetzen.

Die Tatbestandsvoraussetzungen zur Vollzugshilfe der Polizei liegen damit vor. Die Polizei ist folglich zur Vollzugshilfe verpflichtet.

Anmerkungen zum Lösungsvorschlag

Die Fragestellung war hier nur auf die Verpflichtung zur Vollzugshilfe beschränkt, insofern waren die Verfahrensvoraussetzungen nach § 48 PolG NRW nicht zu prüfen. Die Prüfung reduziert sich hier auf zwei Tatbestandsmerkmale, sodass es sich um einen übersichtlichen Einstiegsfall zur Einübung des Gutachtenstils im Recht der Gefahrenabwehr handelt.

2.2.2 Gefahr für die öffentliche Sicherheit oder Ordnung

Sachverhalt

E ist Eigentümer eines Hauses mit Garten in der Stadt S. Auf seinem Grundstück steht ein Kastanienbaum. Da E sein Grundstück mit einem Kamerasystem überwachen lässt, konnte er am vergangenen Montag auf der Videoaufzeichnung erkennen, dass der Baum mit einer Kettensäge angesägt wurde und in Schieflage geraten ist. Der Täter T ist auf dem Video aufgrund von dunkler Kleidung, Kapuzenpulli und Maske allerdings nicht zu identifizieren.

Für das kommende Wochenende ist für die Stadt S, in welcher das Grundstück des E liegt, durch amtliche Wetterexperten eine Sturmwarnung ausgesprochen worden. Anerkannte Baumgutachter der Stadt S stellen nach Untersuchung der Kastanie fest, dass diese aufgrund des Sturms und der Tatsache, dass sie angesägt wurde, am kommenden Wochenende umfallen wird. Da das Grundstück des E an eine vielbefahrene Straße mit Bushaltehaltestelle, an der regelmäßig viele Fußgänger stehen, grenzt, wird der Baum voraussichtlich nicht nur Autos, sondern auch Personen treffen und diese damit lebensgefährlich verletzen.

Prüfen Sie gutachterlich, ob der Kastanienbaum eine Gefahr für die öffentliche Sicherheit oder Ordnung i.S.d. § 14 Abs. 1 OBG NRW darstellt.

Hinweise zur Fallgestaltung

Im vorstehenden Fall geht es um die gutachterliche Prüfung einer Gefahr für die öffentliche Sicherheit oder Ordnung. Es handelt sich somit um Grundlagenwissen im Gefahrenabwehrrecht und bearbeitet einen klassischen Übungsfall, der sich zur Erklärung vieler Grundzüge des allgemeinen und besonderen Verwaltungsrechts eignet. Vom Schwierigkeitsgrad dürfte dieser Fall auch bereits problemlos auf VL-I-Niveau zu lösen sein.

Lösungsvorschlag

Fraglich ist, ob der Kastanienbaum auf dem Grundstück des E in der Stadt S eine Gefahr für die öffentliche Sicherheit oder Ordnung i.S.d. § 14 Abs. 1 OBG NRW darstellt.

Zunächst könnte die öffentliche Sicherheit betroffen sein. Sie umfasst die drei Schutzgüter der Unverletzlichkeit der Rechtsordnung, Individualrechtsgüter des Einzelnen sowie die Funktionsfähigkeit des Staates und seiner Einrichtungen.

Verstöße gegen Rechtsvorschriften sind hier nicht ersichtlich. Die Individualrechtsgüter des Einzelnen meinen grundgesetzlich geschützte Positionen wie den Schutz von Leib und Leben nach Art. 2 Abs. 2 Satz 1 GG oder das Eigentum nach Art. 14 Abs. 1 GG.

Wenn der Kastanienbaum umfällt, wird er auf die angrenzende Bushaltestelle, an welcher sich regelmäßig Menschen versammeln, und ggf. auf vorbeifahrende Autos treffen. Personen- und Sachschäden und damit grundrechtsrelevante Positionen wie die körperliche Unversehrtheit, das Leben und das Eigentum sind damit betroffen. Die Individualrechtsgüter des Einzelnen sind folglich tangiert.

Fraglich ist, ob auch eine Gefahr für die öffentliche Sicherheit vorliegt. Gemeint ist i.S.d. § 14 Abs. 1 OBG NRW die konkrete Gefahr (s. Nr. 14.11 VV OBG NRW). Eine konkrete Gefahr liegt dann vor, wenn in absehbarer Zeit mit hinreichender Wahrscheinlichkeit ein Schaden für die öffentliche Sicherheit oder Ordnung eintreten wird.

Hier haben Wetterexperten eine Sturmwarnung für das kommende Wochenende ausgesprochen. Laut Baumgutachter wird der Kastanienbaum auf dem Grundstück des E aufgrund der Tatsache, dass er bereits angesägt wurde, diesem Sturm nicht standhalten. Nach Einschätzung dieser Experten wird der Baum folglich bei dem Sturm am kommenden Wochenende umfallen und es wird damit zu der Verletzung von Leib, Leben und Eigentum kommen.

Der Sturm droht also am kommenden Wochenende und somit in wenigen Tagen, der Baum wird laut Baumgutachter tatsächlich bei diesem Sturm umfallen. Es liegt folglich eine Sachlage vor, bei der bei ungehindertem Geschehensablauf in absehbarer Zeit mit hinreichender Wahrscheinlichkeit ein Schaden für die öffentliche Sicherheit eintreten wird.

Folglich stellt der Kastanienbaum auf dem Grundstück des E eine Gefahr für die öffentliche Sicherheit i.S.d. § 14 Abs. 1 OBG NRW dar.

Anhaltspunkte für die Betroffenheit der öffentlichen Ordnung ergeben sich nicht.

Anmerkungen zum Lösungsvorschlag
Für die Prüfung der Gefahr für die öffentliche Sicherheit oder Ordnung wird eine zweiteilige Vorgehensweise empfohlen. Zunächst sollte geprüft werden, ob die Schutzgüter der öffentlichen Sicherheit oder Ordnung überhaupt tangiert sein könnten und erst dann bietet es sich an, die konkrete Gefährdung dieser zu prüfen.

Bei der konkreten Gefahr ist dann in der Subsumtion auf Ausführungen zur hinreichenden Wahrscheinlichkeit und zur absehbaren Zeit zu achten.

Die öffentliche Ordnung sollte nur dann ergänzend herangezogen werden, wenn es tatsächlich Anhaltspunkte für etwas gibt, das „für das menschliche Zusammenleben unerlässlich ist". Im Übrigen wird die öffentliche Ordnung regelmäßig hinter den Rechtsgütern der öffentlichen Sicherheit subsidiär zurücktreten.

2.2.3 Störerauswahl

Sachverhalt
E ist Eigentümer eines Hauses mit Garten in der Stadt S. Auf seinem Grundstück steht ein Kastanienbaum. Da E sein Grundstück mit einem Kamerasystem überwachen lässt, konnte er am vergangenen Montag auf der Videoaufzeichnung erkennen, dass der Baum mit einer Kettensäge angesägt wurde und in Schieflage geraten ist. Der Täter T ist auf dem Video aufgrund von dunkler Kleidung, Kapuzenpulli und Maske allerdings nicht zu identifizieren.

E befindet sich zurzeit auf Weltreise und konnte das Geschehen daher nur durch Mitteilung seines Mieters M, welcher sich zurzeit in dem entsprechenden Haus in der Stadt S aufhält, aufmerksam gemacht werden.

Prüfen Sie gutachterlich, wen die zuständige Ordnungsbehörde zur Gefahrenbeseitigung heranziehen würde.

Hinweise zur Fallgestaltung
Ergänzend zur Prüfung der Gefahr für die öffentliche Sicherheit oder Ordnung geht selbstverständlich die Prüfung der Verantwortlichkeit mit einher. Hier sind der Verhaltensstörer und Zustandsstörer zu bearbeiten und das Ermessen ist bei der Störerauswahl ordnungsgemäß auszuüben.

Lösungsvorschlag

Zu prüfen ist, wer zur Beseitigung der Gefahr durch den umsturzgefährdeten Kastanienbaum auf dem Grundstück des E in der Stadt S herangezogen wird.

Zunächst ist zu prüfen, welche Störer hier überhaupt in Frage kommen.

Als Eigentümer des Grundstücks könnte der ***E Zustandsstörer*** *nach* ***§ 18 Abs. 1 OBG NRW*** *sein.*

Demnach hat die Ordnungsbehörde ihre Maßnahmen gegen den Eigentümer der Sache zu richten, von welcher die Gefahr ausgeht. Hier geht die Gefahr (wie bereits geprüft) von dem Kastanienbaum, welcher auf dem Grundstück des E steht, aus. Als Eigentümer des Grundstückes ist der E damit ebenfalls Eigentümer des Kastanienbaumes und somit Zustandsstörer nach § 18 Abs. 1 OBG NRW.

*Auch der Mieter **M** könnte **Zustandsstörer** sein. Nach **§ 18 Abs. 2 Satz 1 OBG NRW** kann die Ordnungsbehörde ihre Maßnahme auch gegen den Inhaber der tatsächlichen Gewalt richten.*

Der Mieter M ist vor Ort in dem Haus, er hat die tatsächliche Sachherrschaft über das Grundstück und damit auch über den Kastanienbaum. Er ist folglich Zustandsstörer nach § 18 Abs. 2 Satz 1 OBG NRW.

*Fraglich ist, ob der **T** ebenfalls **Zustandsstörer** als Inhaber der tatsächlichen Gewalt nach **§ 18 Abs. 2 OBG NRW** sein könnte. Immerhin hat er die tatsächliche Gewalt im Rahmen des Ansägens gegenüber dem Baum ausgeübt. Allerdings ist festzustellen, dass der T nach dem Ansägen durch Weggang die tatsächliche Gewalt wieder aufgegeben hat und somit nunmehr nicht über § 18 Abs. 2 OBG NRW herangezogen werden kann.*

***T** könnte aber **Verhaltensstörer** nach **§ 17 Abs. 1 OBG NRW** sein. Danach sind die Maßnahmen gegen die Person zu richten, die die Gefahr versursacht hat.*

Hier ist der Baum durch das Ansägen des T in Schieflage geraten. Erst diese Handlung hat den Baum in die Lage versetzt, jetzt umzustürzen. Dadurch besteht also ein kausaler Zusammenhang von der Tat des T und der jetzt vorliegenden konkreten Gefahr für die öffentliche Sicherheit. T ist damit als Verursacher Verhaltensstörer nach § 17 Abs. 1 OBG NRW.

*Die **Auswahl** des ordnungspflichtigen Störers zur Gefahrenbeseitigung erfolgt im Rahmen des Ermessens und richtet sich nach der Effektivität der Gefahrenabwehr.*

Hier ist festzustellen, dass sich der E zurzeit auf Weltreise befindet und somit eine entsprechende Ordnungsverfügung gar nicht zur Kenntnis nehmen könnte. Dass ihm die Ordnungsverfügung trotz Abwesenheit zwar per Postzustellungsurkunde wirksam bekanntgegeben werden könnte, vermag dem nicht entgegenzustehen. Denn der Ordnungsbehörde muss dann bewusst sein, dass es sich um eine Ordnungsverfügung handelt, welche dann tatsächlich nicht von dem Betroffenen verfolgt werden kann.

M ist tatsächlich zurzeit vor Ort und für die Ordnungsbehörde greifbar. Er könnte im Rahmen seiner Verpflichtung den Baum zu fällen sodann eine Firma mit dieser Angelegenheit beauftragen, folglich kommt es nicht darauf an, ob er den Baum selbst mit eigenen Kräften fällen könnte.

T hat durch sein aktives Tun den Baum zwar in die Lage gebracht, er ist der Ordnungsbehörde allerdings unbekannt, sodass er nicht herangezogen werden kann. Im Übrigen müsste er sich sodann ohnehin Zutrittsrechte zu dem Grundstück verschaffen.

Diese Zutrittsrechte stehen dem M bereits zu, sodass er hier die Gefahr am effektivsten abwehren kann. Im Rahmen der Ermessensausübung ist folglich der Mieter M heranzuziehen.

Anmerkungen zum Lösungsvorschlag
Bei der Prüfung der Störereigenschaft sind zunächst alle Personen hinsichtlich ihrer Störereigenschaft zu untersuchen. Dabei ist darauf zu achten, ob eine Person ggf. Störer nach mehreren Vorschriften ist. Die Ermessenserwägung richtet sich sodann nach dem Grundsatz der Effektivität der Gefahrenabwehr. Hier könnte durch unterschiedliche Fallgestaltungen ein Schwerpunkt in einer Prüfung gesetzt werden.

2.2.4 Zwangsmittel

Sachverhalt
Aufgrund des umsturzgefährdeten Kastanienbaums in dem Garten des Mieters M und der für das kommende Wochenende vorausgesagten Sturmwarnung möchte die zuständige Ordnungsbehörde eine Ordnungsverfügung gegen M erlassen. Neben der Aufforderung, den Baum bis zum kommenden Freitag um 15.00 Uhr fällen zu lassen, soll die sofortige Vollziehung angeordnet und ein Zwangsmittel angedroht werden.

Prüfen Sie gutachterlich, welches Zwangsmittel gegenüber dem M in Betracht kommt.

Hinweise zur Fallgestaltung
Neben der Prüfung der Gefahr für die öffentliche Sicherheit oder Ordnung und der Störereigenschaft verdeutlicht der Fall nun, dass die Ordnungsverfügung erst durch die Anordnung der sofortigen Vollziehung und die Androhung des Zwangsmittels vervollständigt wird. Dieser dreiteilige Aufbau einer klassischen Ordnungsverfügung sollte den Prüflingen bekannt sein. Hier wurde zu Übungszwecken nun die gutachterliche Prüfung des Zwangsmittels abgefragt, um vor allem das Zwangsgeld von der Ersatzvornahme abzugrenzen, insofern ist auf das Verwaltungsvollstreckungsgesetz NRW (VwVG NRW) zurückzugreifen.

Lösungsvorschlag

Zu prüfen ist, welches Zwangsmittel gegenüber dem M in Betracht kommt.

Das VwVG NRW sieht in § 57 Abs. 1 als Zwangsmittel die Ersatzvornahme, das Zwangsgeld und den unmittelbaren Zwang vor. Die Auswahl des Zwangsmittels findet im Rahmen des Ermessens statt.

Hier könnte die Ersatzvornahme i.S.d. § 59 Abs. 1 VwVG NRW ein geeignetes Zwangsmittel sein. Demnach kann die Vollzugsbehörde eine vertretbare Handlung selbst ausführen, wenn diese nicht durch den Betroffenen erfüllt wurde.

Die Fällung des Baumes kann durch M selbst oder durch ein von ihm beauftragtes Unternehmen erfolgen. Die Baumfällung ist damit eine Handlung, die durch andere möglich ist und somit eine vertretbare Handlung. Die Voraussetzungen der Ersatzvornahme liegen damit vor. Wenn M seiner Verpflichtung zur Baumfällung also nicht nachkommen würde, könnte die Vollzugsbehörde den Baum dann selbst fällen (lassen) und damit das Ziel der Gefahrenabwehr erreichen.

Fraglich ist, ob das Zwangsgeld hier als milderes, gleich geeignetes Mittel in Betracht kommt. Nach § 60 Abs. 1 VwVG NRW könnte ein Zwangsgeld für den Fall der Nichtbefolgung der Baumfällung angedroht werden. Hier ist allerdings zu beachten, dass der Baum dann bei Nichtbefolgung weiterhin stehenbleiben würde und der Erfolg der Gefahrenabwehr damit nicht gesichert wäre. Folglich ist das Zwangsgeld nicht genauso gut geeignet wie die Ersatzvornahme und scheidet somit aus.

Der unmittelbare Zwang kommt als letztes Mittel hier ebenfalls nicht in Betracht.

Folglich kann dem M im Rahmen der Verwaltungsvollstreckung die Ersatzvornahme i.S.d. § 59 Abs. 1 VwVG NRW angedroht werden.

Anmerkungen zum Lösungsvorschlag
Die Wahl des Zwangsmittels ergeht im Rahmen des Ermessens der Ordnungsbehörde. Hier sollte zum Ausdruck gebracht werden, dass die Ersatzvornahme den Erfolg sichert, während das Zwangsgeld dies nicht erreichen kann. Darüber hinaus ist in der Lösung zu klären, was unter einer vertretbaren Handlung zu verstehen ist.

2.2.5 Kostenbescheid (Formelle Rechtmäßigkeit)

Sachverhalt
Aufgrund des umsturzgefährdeten Kastanienbaums in dem Garten des Mieters M in der Stadt S und der für das kommende Wochenende vorausgesagten Sturmwarnung hat die zuständige Ordnungsbehörde der Stadt S eine Ordnungsverfügung gegen M erlassen. Neben der Aufforderung, den Baum bis zum kommenden Freitag um 15.00 Uhr fällen zu lassen, wurde die sofortige Vollziehung angeordnet und die Ersatzvornahme angedroht.

Da der M der Aufforderung zur Baumfällung nicht fristgerecht nachkam, hat die Ordnungsbehörde der Stadt S die Ersatzvornahme festgesetzt und den Baum durch eine (rechtmäßig beauftragte) Spezialfirma fällen lassen. Die dafür entstandenen Kosten der Spezialfirma i.H.v. (angemessenen) 400,00 € möchte die Stadt S gerne von M ersetzt haben.

Prüfen Sie gutachterlich, ob ein Kostenbescheid gegenüber M formell rechtmäßig erlassen werden könnte.

Hinweise zur Fallgestaltung
Im vorstehenden Fall geht es mit der gutachterlichen Prüfung der formellen Rechtmäßigkeit eines Kostenbescheides nun gedanklich über die eigentliche Verwaltungsvollstreckung hinaus. Die für die Praxis relevante Frage der Kostenpflicht wird hiermit angesprochen. Um nicht zu tief in die materiell-rechtliche Bearbeitung einzutauchen, wurde die gutachterliche Prüfung hier bewusst auf die formelle Rechtmäßigkeit reduziert.

Lösungsvorschlag

Fraglich ist, ob ein Kostenbescheid gegenüber M formell rechtmäßig erlassen werden könnte.

*Dazu müsste die Stadt S zunächst **zuständig** sein.*

Nach § 77 Abs. 1 Satz 2 VwVG NRW ist Kostengläubiger der Rechtsträger, dessen Behörde die Amtshandlung nach dem VwVG NRW vorgenommen hat, also die sogenannte Vollzugsbehörde. Dies ist nach § 56 Abs. 1 VwVG NRW die Behörde, die den zugrundeliegenden Verwaltungsakt erlassen hat, also die sogenannte Erlassbehörde. Hier hat die zuständige Ordnungsbehörde der Stadt S die zugrundeliegende Ordnungsverfügung erlassen. Folglich ist die Stadt S als Rechtsträger Kostengläubiger und für den Erlass des Kostenbescheides zuständig.

*Darüber hinaus müsste die Stadt S das **Verfahren** rechtmäßig einhalten.*

Nach § 28 Abs. 1 VwVfG NRW ist dem Beteiligten vor Erlass eines belastenden Verwaltungsaktes die Gelegenheit der Stellungnahme zu geben. Bei dem beabsichtigten Kostenbescheid handelt es sich um einen Verwaltungsakt i.S.d. § 35 Satz 1 VwVfG NRW. Dieser soll den M dazu verpflichten, die Kosten i.H.v. 400,00 € zu übernehmen. Ihm soll folglich eine Verpflichtung auferlegt werden, der Kostenbescheid ist mithin belastend. Folglich liegen die Voraussetzungen für eine Anhörung nach § 28 Abs. 1 VwVfG NRW vor.

Fraglich ist, ob hier eine Ausnahme von der Anhörung nach § 28 Abs. 2 VwVfG NRW in Betracht kommen könnte. Nach § 28 Abs. 2 Nr. 5 VwVfG NRW kann bei Maßnahmen in der Verwaltungsvollstreckung auf eine Anhörung verzichtet werden. Hier geht es um einen beabsichtigten Kostenbescheid. Die Fällung des Baumes im Rahmen der Ersatzvornahme und damit die Verwaltungsvollstreckung sind bereits abgeschlossen. Der Kostenbescheid ist somit nicht mehr eine Maßnahme in der Verwaltungsvollstreckung.

Insgesamt ist eine Ausnahme von der Anhörung folglich nicht einschlägig, sodass M vor Erlass des Kostenbescheides angehört werden müsste.

*Fraglich ist, welche **Form**vorschriften einzuhalten sind.*

Nach § 39 Abs. 1 VwVfG NRW ist die Entscheidung mit einer Begründung zu versehen. Es bietet sich darüber hinaus im Rahmen des § 77 Abs. 4 Satz 1 VwVG NRW i.V.m. § 14 Abs. 1 Gebührengesetz NRW (GebG NRW) an, den Kostenbescheid schriftlich zu erlassen und die dort genannten Mindestbestandteile im Bescheid zu nennen.

Zuletzt müsste der Kostenbescheid dem M gemäß § 41 Abs. 1 VwVfG NRW ordnungsgemäß ***bekanntgegeben*** *werden, damit er nach § 43 Abs. 1 VwVfG NRW seine Wirksamkeit entfalten kann.*

Insgesamt könnte der Kostenbescheid gegenüber M unter Berücksichtigung der v.g. Prüfung damit formell rechtmäßig durch die Stadt S erlassen werden.

Anmerkungen zum Lösungsvorschlag

Bei der Lösung ist im Kern auf das bereits aus dem allgemeinen Verwaltungsrecht bekannte Prüfungsschema zur Rechtmäßigkeit eines Verwaltungsaktes abzustellen. Da hier nicht ein bereits erlassener Verwaltungsakt zu prüfen ist, sondern vielmehr die Frage gestellt wurde, ob ein solcher rechtmäßig erlassen werden könnte, ist bei der Formulierung des Gutachtens in der Wortwahl darauf zu achten, dass der Verwaltungsakt noch nicht existiert (siehe z.B. „Folglich müsste der M vor Erlass des Kostenbescheides angehört werden.").

Wie bereits die Prüfung der Zuständigkeit zeigt, sind hier unterschiedliche Ebenen voneinander zu trennen. Während auf der Primärebene die Frage der Rechtmäßigkeit der Verwaltungsvollstreckung zu klären ist, geht es im Rahmen der Sekundärebene dann um den Kostenbescheid an sich. Diese Trennung muss bereits bei der Prüfung der formellen Rechtmäßigkeit im Rahmen der notwendigen Anhörung erkannt werden, um nicht fälschlicherweise auf § 28 Abs. 2 Nr. 5 VwVfG NRW abzustellen, denn der Kostenbescheid ist gerade nicht mehr Teil der Verwaltungsvollstreckung. Ganz besonders kommt die Trennung von Primär- und Sekundärebene dann bei der Prüfung der materiellen Rechtmäßigkeit zum Vorschein, die hier wie bereits oben beschrieben bewusst ausgeklammert wurde. In der Gesamtheit würde somit eine umfangreiche Prüfung auf VL-II-Niveau gestaltet werden können.

2.3 KOMMUNALRECHT

2.3.1 Die Stelle der Gleichstellungsbeauftragten

Sachverhalt

Im Rat der kreisangehörigen Stadt S in NRW (29.500 Einwohner) wird über die Abschaffung der Stelle der hauptamtlichen Gleichstellungsbeauftragten diskutiert. Ratsmitglied R schlägt entweder die ersatzlose Streichung der Stelle aus dem Stellenplan vor, alternativ schlägt er vor, dass er selbst das Amt ehrenamtlich übernehmen würde. Aus seiner Sicht würden dafür zehn Wochenstunden ausreichen, welche er unentgeltlich nebenamtlich gerne wahrnehmen würde.

Prüfen Sie die Vorschläge von Ratsmitglied R gutachterlich.

Hinweise zur Fallgestaltung

Dieser Sachverhalt dient dazu, sich auf einfachem Niveau gutachterlich mit § 5 GO NRW auseinanderzusetzen.

Lösungsvorschlag

Zu prüfen sind die Vorschläge von R, also die Streichung der Stelle der Gleichstellungsbeauftragten bzw. Besetzung der Stelle der Gleichstellungsbeauftragten durch ihn im ehrenamtlichen Nebenamt.

Kreisangehörige Städte mit mehr als 10.000 Einwohnern müssen gemäß § 5 Abs. 2 GO NRW hauptamtlich tätige Gleichstellungsbeauftragte bestellen. Es muss folglich Gleichstellungsbeauftragte in diesen Städten geben, eine Streichung dieser Stelle ist gesetzlich demnach nicht möglich.

Die Stadt S ist eine kreisangehörige Stadt mit 29.500 Einwohnern und damit mehr als 10.000 Einwohnern. Es muss folglich in der Stadt S eine Stelle der Gleichstellungsbeauftragten geben. Diese ist nach dem Wortlaut der Rechtsnorm hauptamtlich tätig. R möchte die Stelle im ehrenamtlichen Nebenamt wahrnehmen, dies ist folglich nicht zugelassen.

Darüber hinaus ist fraglich, ob R als männlicher Bewerber überhaupt die Stelle der Gleichstellungsbeauftragten bekleiden könnte.

Nach § 5 Abs. 3 GO NRW wirkt „die Gleichstellungsbeauftragte" bei allen Vorhaben und Maßnahmen der Gemeinde mit. Nach dem Wortlaut des Gesetzes muss es sich folglich um eine weibliche Person handeln. Demnach könnte R als männlicher Bewerber ohnehin nicht die Stelle der Gleichstellungsbeauftragten bekleiden.

Insgesamt lässt die GO NRW die Streichung der Stelle der Gleichstellungsbeauftragten nicht zu und ebenfalls kann R als männlicher Bewerber die Aufgabe der Gleichstellungsbeauftragten nicht wahrnehmen und ebenfalls auch nicht im ehrenamtlichen Nebenamt ausführen.

Damit sind die Vorschläge des R alle rechtlich nicht umsetzbar.

Anmerkungen zum Lösungsvorschlag

Neben den ausdrücklich genannten Voraussetzungen aus § 5 Abs. 2 GO NRW wird auch der aus dem Wortlaut des § 5 Abs. 3 GO NRW erkennbare Umstand, dass nur weibliche Bewerber in Frage kommen, in diesem Fall thematisiert. Im Rahmen der Auslegung nach dem Wortlaut ist dieser Umstand zu erkennen und hier zu thematisieren.

2.3.2 Form der Abstimmung bei einem Ratsbeschluss

Sachverhalt

Die kreisangehörige Stadt B in NRW hat 15.000 Einwohner. In der Ratssitzung am 01.02.20xx ist u.a. der Tagesordnungspunkt 1 (TOP 1) „Erhöhung der Straßenreinigungsgebühren" vorgesehen. Bevor in die Abstimmung über die „Erhöhung der Straßenreinigungsgebühren" eingestiegen wird, beantragen neun Mitglieder der Z-Fraktion, geheim abzustimmen. Ratsmitglied Alfred Ahnungslos (A) ist der Ansicht, dass die Abstimmungen des Rates gemäß § 50 Abs. 1 Satz 3 GO NRW grundsätzlich offen zu erfolgen haben. Ungeachtet des Einwands des A wird entsprechend dem Antrag der Mitglieder der Z-Fraktion geheim abgestimmt.

Prüfen Sie gutachterlich, ob eine ordnungsgemäße Abstimmung des Rates vorliegt.

Hinweise zur Fallgestaltung
Dieser Sachverhalt dient dazu, die gutachterliche Fallbearbeitung anhand von § 50 Abs. 1 GO NRW einzuüben.

Lösungsvorschlag

Zu prüfen ist, ob eine ordnungsgemäße Abstimmung vorliegt.

Bei Beschlussfassungen des Rates wird gemäß § 50 Abs. 1 Satz 3 GO NRW grundsätzlich offen abgestimmt, so wie es A vorträgt. Nach § 50 Abs. 1 Satz 5 GO NRW ist auf Antrag mindestens eines Fünftels der Mitglieder des Rates geheim abzustimmen.

Somit ist fraglich, wie viele Mitglieder der Rat hat. Gemäß § 40 Abs. 2 Satz 2 GO NRW besteht der Rat aus den gewählten Ratsmitgliedern und dem Bürgermeister als Mitglied kraft Gesetzes. Die Zahl der zu wählenden Ratsmitglieder berechnet sich nach § 3 Abs. 2 Satz 1 lit. a) KWahlG NRW. Die kreisangehörige Stadt B hat 15.000 Einwohner. Demnach beträgt die Zahl der zu wählenden Vertreter für Gemeinden mit einer Bevölkerungszahl von über 8000, aber nicht über 15.000, 32. Unter Einbeziehung des Bürgermeisters als Mitglied kraft Gesetzes ergibt sich somit eine gesetzliche Mitgliederzahl von insgesamt 33.

Lt. SV beantragen neun Mitglieder der Z-Fraktion, geheim abzustimmen. Dies sind mehr als ein Fünftel der Mitglieder des Rates. Demzufolge „ist" bzw. war geheim abzustimmen, wie es auch erfolgt ist.

Somit liegt eine ordnungsgemäße Abstimmung des Rates vor.

Anmerkungen zum Lösungsvorschlag
Bei dem Sachverhalt galt es, sich die unterschiedlichen Sätze des § 50 Abs. 1 GO NRW einmal genauer anzuschauen und die Zahl der Mitglieder des Rates entsprechend § 40 Abs. 2 Satz 2 GO NRW i.V.m. § 3 Abs. 2 Satz 1 lit. a) KWahlG NRW zu berechnen.

Der Unterschied „Ratsmitglieder" und „Mitglieder des Rates" taucht an unterschiedlichen Stellen in der Gemeindeordnung NRW auf und ist durch die Prüflinge zu beachten.

2.3.3 Voraussetzungen bei der Wahl zum Beigeordneten

Sachverhalt

In der kreisfreien Stadt S in NRW ist die Stelle des Beigeordneten für den Fachbereich öffentliche Ordnung und Recht zu besetzen. Der bisherige Stelleninhaber wurde in den Ruhestand versetzt und war der einzige Beigeordnete bei der Stadt S, welcher die Befähigung zum Richteramt besessen hat. Die anderen Beigeordneten verfügen weder über diese Befähigung noch die Befähigung für die Laufbahngruppe 2, zweites Einstiegsamt.

Für die ausgeschriebene Stelle des Beigeordneten für den Fachbereich öffentliche Ordnung und Recht bewirbt sich der bisherige Fachdienstleiter O des Ordnungsamtes. Er ist aufgrund seiner jahrelangen Tätigkeit im Ordnungsamt mit den Aufgaben in fachlicher Hinsicht vertraut, allerdings verfügt er nicht über die Befähigung zum Richteramt oder für die Laufbahngruppe 2, zweites Einstiegsamt.

Prüfen Sie gutachterlich, ob O für die Stelle des Beigeordneten in Frage kommt.

Hinweise zur Fallgestaltung

Der Sachverhalt behandelt die materiellen Voraussetzungen der Wahl der Beigeordneten aus § 71 GO NRW.

Lösungsvorschlag

Zu prüfen ist, ob O für die Stelle des Beigeordneten bei der kreisfreien Stadt S in Frage kommt.

Nach § 71 Abs. 3 Satz 1 GO NRW müssen die Beigeordneten die für ihr Amt erforderlichen fachlichen Voraussetzungen erfüllen und eine ausreichende Erfahrung für dieses Amt nachweisen.

Der Bewerber O ist Fachdienstleiter des Ordnungsamtes der Stadt S und bereits jahrelang im Ordnungsamt tätig und somit laut Sachverhalt mit den Aufgaben in fachlicher Hinsicht vertraut. Es bestehen somit keine Anhaltspunkte gegen die Erfüllung der fachlichen Voraussetzungen und ausreichenden Erfahrung für das Amt des Beigeordneten.

Nach § 71 Abs. 3 Satz 2 GO NRW muss in kreisfreien Städten mindestens einer der Beigeordneten die Befähigung zum Richteramt oder zur Laufbahn des allgemeinen Verwaltungsdienstes im Land NRW in der Laufbahngruppe 2, zweites Einstiegsamt besitzen.

Bei der Stadt S handelt es sich um eine kreisfreie Stadt, folglich finden diese Voraussetzungen Anwendung.

Der bisherige Stelleninhaber, welcher nunmehr in den Ruhestand versetzt wurde, war laut Sachverhalt der einzige Beigeordnete bei der Stadt S, welcher diese Voraussetzung erfüllte. Damit ist neben ihm folglich kein weiterer Beigeordneter vorhanden, welcher diese Voraussetzungen erfüllt. Der Stellennachfolger muss demnach entweder über die Befähigung zum Richteramt oder zur Laufbahngruppe 2, zweites Einstiegsamt verfügen.

Hier besitzt O weder die Befähigung zum Richteramt noch die Befähigung zur Laufbahngruppe 2, zweites Einstiegsamt. Er scheidet folglich für die Stelle des Beigeordneten bei der Stadt S aus.

Anmerkungen zum Lösungsvorschlag

Es ist zu beachten, dass es sich bei der Stadt S um eine kreisfreie Stadt handelt und somit neben der fachlichen Eignung und Erfahrung weitere Voraussetzungen zu erfüllen sind. Um den Prüfungsaufwand zu erhöhen, könnte der Sachverhalt auch mit einer kreisangehörigen Stadt gestaltet werden, sodass über die an mehreren Stichtagen gemessene Einwohnerzahl nach § 4 GO NRW die Eigenschaft als „große" kreisangehörige Stadt zusätzlich zu prüfen ist.

2.3.4 Die Namensumbenennung einer Gemeinde

Sachverhalt

In der kreisangehörigen Stadt H in NRW (29.999 Einwohner, davon 17.420 Bürger) lädt der Bürgermeister zu einer Sitzung des Stadtrates in den Ratssaal des Rathauses form- und fristgerecht ein.

U.a. wurde folgende Tagesordnung gemäß § 48 GO NRW festgesetzt:

Öffentlicher Teil
TOP 1: Beratung des Protokolls über die letzte Sitzung
TOP 2: (...)
TOP 3: Änderung der Namensbezeichnung in „Universitätsstadt H"
TOP 4: (...).

Krankheitsbedingt fehlen neun Ratsmitglieder entschuldigt zur Ratssitzung, die von dem Bürgermeister eröffnet wird.

Unter TOP 3 führt der Bürgermeister aus, dass die Namensbezeichnung der Stadt H in „Universitätsstadt H" geändert werden solle, da sich die Stadt in den vergangenen Jahrzehnten über die Stadtgrenzen hinaus zu einer Universitätsstadt mit zahlreichen Studienangeboten entwickelt habe. Nach kontroverser Diskussion lässt der Bürgermeister über den Beschlussvorschlag abstimmen. Alle Anwesenden bis auf Ratsmitglied Schlaumeier stimmen für die Umbenennung in „Universitätsstadt H". Ratsmitglied Schlaumeier ist der Ansicht, dass durch seine Gegenstimme die Umbenennung nicht rechtmäßig beschlossen sei.

Prüfen Sie gutachterlich die Rechtmäßigkeit der Namensumbenennung unter TOP 3.
Hinweis: Die Voraussetzungen des § 13 Abs. 3 Satz 1 GO NRW liegen vor.

Hinweise zur Fallgestaltung
Im Mittelpunkt der Bearbeitung steht die für Namensumbenennungen maßgebliche Vorschrift des § 13 Abs. 3 Satz 2 GO NRW.

Lösungsvorschlag

Zu prüfen ist die Rechtmäßigkeit der Namensumbenennung unter TOP 3. Die Voraussetzungen des § 13 Abs. 3 Satz 1 GO NRW sollen lt. Hinweis vorliegen. Nach § 13 Abs. 3 Satz 2 GO NRW kann der Rat mit einer Mehrheit von drei Vierteln seiner Mitglieder diese Bezeichnung bestimmen.

Demnach sind zunächst die (gesetzlichen) Mitglieder des Rates zu bestimmen.

Nach § 40 Abs. 2 Satz 2 GO NRW besteht der Rat aus den gewählten Ratsmitgliedern und dem Bürgermeister als Mitglied kraft Gesetzes. Die Anzahl der gewählten Ratsmitglieder folgt aus § 3 Abs. 2 Satz 1 lit. a) KWahlG NRW. Die Stadt H hat 29.999 Einwohner, also über 15.000, aber nicht über 30.000 Einwohner. Daraus ergeben sich 38 gewählte Ratsmitglieder. Hinzu kommt der Bürgermeister als Mitglied kraft Gesetzes, § 40 Abs. 2 Satz 2 GO NRW, so dass sich insgesamt 39 gesetzliche Mitglieder ergeben.

39 × ¾ = 29,25, also sind zur Namensumbenennung 30 Ja-Stimmen erforderlich.

Lt. Sachverhalt sind von den 39 Mitgliedern des Rates neun Ratsmitglieder krankheitsbedingt entschuldigt, so dass 30 Mitglieder des Rates bei der Beschlussfassung anwesend waren. Aufgrund nur der Gegenstimme von Ratsmitglied Schlaumeier haben 29 mit „Ja" abgestimmt, obwohl 30 Ja-Stimmen erforderlich waren. Somit wurde die für die Namensumbenennung erforderliche Mehrheit i.S.d. § 13 Abs. 3 Satz 2 GO NRW nicht erreicht.

Die Namensumbenennung unter TOP 3 war demnach nicht rechtmäßig.

Anmerkungen zum Lösungsvorschlag
Ein kurzer praxisnaher Sachverhalt, der sich gut für die Einübung der gutachterlichen Fallbearbeitung eignet. Viele Städte in NRW haben sich entsprechende Namenszusätze gegeben.

2.3.5 Bürgerbegehren (Formelle Voraussetzungen)

Sachverhalt
Am Freitag, den 14.03.20xx hat der Rat der kreisfreien Stadt H in NRW (200.001 Einwohner/145.000 Bürger) beschlossen, auf einem öffentlichen Waldgrundstück einen Bildungscampus nebst städtischem Hallenbad bauen zu lassen. In dem Bildungscampus sollen die bislang dezentral im gesamten Stadtgebiet von H gelegenen drei Berufsschulen zentral zusammengeführt werden, um Synergien zu nutzen/bündeln. Das Konzept für diesen Neubau stammt von dem berühmten Star-Architekten Oskar Ohneplan, der weltweit für seine außergewöhnlichen Entwürfe im Bereich der Architektur bekannt ist.

Der Ratsbeschluss wurde nicht öffentlich bekannt gemacht.

Gegen das geplante Neubauprojekt formiert sich in der Stadt H massiver Widerstand. Bürger B ärgert sich, dass das öffentliche Waldgrundstück bebaut werden soll, da er dies auch immer wieder zum Zwecke der Erholung aufsucht. Gemeinsam mit seinen Freunden, dem 30-jährigen C und dem 29-jährigen T – die beide ebenfalls schon mehrere Jahre ihren Wohnsitz in der kreisfreien Stadt H haben – initiiert er ein schriftliches Bürgerbegehren.

Als Frage wird formuliert:

„Soll der Ratsbeschluss vom 14.03.20xx über den Bau des Bildungscampus mit städtischem Hallenbad auf dem öffentlichen Waldgrundstück aufgehoben werden?"

Begründet wird das Begehren damit, dass es im Stadtgebiet schon so viel zu wenig Freiflächen gebe und das geplante Neubauprojekt mit Bildungscampus und Hallenbad auch nicht erforderlich sei. Gerade die dezentrale Struktur der Berufsschulen habe sich in H über Jahre bewährt und ein Hallenbad gebe es auch in der nicht weit entfernten Nachbarkommune N.

Die erforderliche Kostenschätzung gibt B auf den Unterschriftenlisten gemeinsam mit der Frage und Begründung an.

Es unterschreiben 5.799 Bürger auf den Unterschriftenlisten.

C, türkischer Staatsangehöriger, gibt den Antrag für das Bürgerbegehren am heutigen Tag (Dienstag, den 17.06.20xx) beim Oberbürgermeister der kreisfreien Stadt H in NRW persönlich ab.

Prüfen Sie gutachterlich, ob das Bürgerbegehren vom heutigen Tag (Dienstag, den 17.06.20xx) zulässig ist.

Es sind nur die formellen Voraussetzungen zu prüfen.

Hinweise zur Fallgestaltung

Neben der Prüfung der Rechtmäßigkeit eines Ratsbeschlusses stellt die Prüfung der Zulässigkeit eines Bürgerbegehrens nach § 26 GO NRW einen zentralen curricularen Bestandteil des Fachs Kommunalrecht dar. In der Regel stellt sich hier zu Beginn nur die Frage, ob das gesamte Prüfschema (formelle und materielle Zulässigkeitsvoraussetzungen) oder – wie hier – lediglich die formellen Voraussetzungen zu prüfen sind. Die Prüfung der Zulässigkeit eines Bürgerbegehrens eignet sich besonders dazu, die gutachterliche Fallbearbeitung einzuüben und zu vertiefen.

Lösungsvorschlag

Zu prüfen ist, ob das Bürgerbegehren vom heutigen Tag (Dienstag, d. 17.06.20xx) zulässig ist. Dies ist der Fall, wenn nachfolgende formelle Voraussetzungen vorliegen.

1. Antrag für das Bürgerbegehren, § 26 Abs. 1 Satz 1 GO NRW

Zunächst ist der Antrag zu prüfen. Nach § 26 Abs. 1 Satz 1 GO NRW können die Bürger beantragen, dass sie an Stelle des Rates über eine Angelegenheit der Gemeinde selbst entscheiden.
Der geforderte Antrag wurde von C beim Oberbürgermeister der kreisfreien Stadt H persönlich abgegeben, so dass diese Voraussetzung vorliegt.

2. Textform, § 26 Abs. 2 Satz 1 GO NRW

Weiterhin ist ein etwaiges Formerfordernis zu prüfen. Nach § 26 Abs. 2 Satz 1 GO NRW muss das Bürgerbegehren in Textform eingereicht werden.
Es wurde ein schriftliches Bürgerbegehren initiiert, so dass auch die nach § 26 Abs. 2 Satz 1 GO NRW geforderte Textform vorliegt.

3. Bestimmtes Begehren, § 26 Abs. 2 Satz 1 GO NRW i.V.m. § 26 Abs. 7 Satz 1 GO NRW

Weiterhin müsste auch ein bestimmtes Begehren vorliegen. Nach § 26 Abs. 2 Satz 1 GO NRW muss das Bürgerbegehren auch die zur Entscheidung zu bringende Frage enthalten. Gemäß § 26 Abs. 7 Satz 1 GO NRW kann bei einem Bürgerentscheid über die gestellte Frage nur mit Ja oder Nein abgestimmt werden.

Die zur Entscheidung zu bringende Frage lautet, ob der Ratsbeschluss vom 14.03.20xx über den Bau des Bildungscampus mit städtischem Hallenbad auf dem öffentlichen Waldgrundstück aufgehoben werden soll. Diese Frage kann eindeutig mit Ja oder Nein beantwortet werden, so dass auch diese Anforderung erfüllt ist.

4. Begründung, § 26 Abs. 2 Satz 1 GO NRW

Weiterhin ist die Begründung zu prüfen. Nach § 26 Abs. 2 Satz 1 GO NRW muss das Bürgerbegehren auch eine Begründung enthalten. Das Bürgerbegehren wurde vorliegend mit dem Hinweis begründet, dass es im Stadtgebiet schon so viel zu wenig Freiflächen gebe und das geplante Neubauprojekt mit Bildungscampus und Hallenbad auch nicht erforderlich sei. Gerade die dezentrale Struktur der Berufsschulen habe sich in H über Jahre bewährt und ein Hallenbad gebe es auch in der nicht weit entfernten Nachbarkommune N.

Demnach liegt auch die geforderte Begründung vor.

5. Benennen der Vertreter, § 26 Abs. 2 Satz 2 GO NRW

Weiterhin müssten auch Vertreter für das Bürgerbegehren benannt werden. Nach § 26 Abs. 2 Satz 2 GO NRW muss das Bürgerbegehren bis zu drei Bürger benennen, die berechtigt sind, die Unterzeichnenden zu vertreten (Vertretungsberechtigte).

Vorliegend wurden Bürger B wie auch C und T als Vertretungsberechtigte benannt.

Fraglich ist, ob es sich bei C und T auch um Bürger handelt.

Nach § 21 Abs. 2 GO NRW ist Bürger, wer zu den Gemeindewahlen wahlberechtigt ist. Nach § 7 KommwahlG NRW ist wahlberechtigt für die Wahl in einem Wahlgebiet, wer am Wahltag Deutscher i.S.v. Art. 116 Abs. 1 des Grundgesetzes ist oder die Staatsangehörigkeit eines Mitgliedstaates der Europäischen Union besitzt, das sechzehnte Lebensjahr vollendet hat und mindestens seit dem 16. Tag vor der Wahl im Wahlgebiet seine Wohnung, bei mehreren Wohnungen seine Hauptwohnung hat oder sich sonst gewöhnlich aufhält und keine Wohnung außerhalb des Wahlgebiets hat.

Fraglich ist somit, ob diese Anforderungen bei C und T erfüllt sind.

Zunächst müsste also T Bürger sein. T ist 29 Jahre alt und hat somit das sechzehnte Lebensjahr vollendet. Mangels entgegenstehender Anhaltspunkte im Sachverhalt ist davon auszugehen, dass er auch die entsprechende Staatsangehörigkeit i.S.d. § 7 KommwahlG NRW besitzt. T hat auch mehrere Jahre seinen Wohnsitz in der kreisfreien Stadt H. Somit ist T Bürger.

Zuletzt ist fraglich, ob auch C Bürger ist. C ist 30 Jahre alt und hat somit das sechzehnte Lebensjahr vollendet. Wie T hat auch C mehrere Jahre seinen Wohnsitz in der kreisfreien Stadt H. Allerdings ist C türkischer Staatsangehöriger. Somit ist er weder Deutscher i.S.d. Art. 116 Abs. 1 GG, noch hat er die Staatsangehörigkeit eines Mitgliedstaates der EU. Somit bleibt festzuhalten, dass C kein Bürger ist.

Anders als es der Wortlaut des § 26 Abs. 2 Satz 2 GO NRW vermuten ließe, müssen sämtliche benannten Vertreter auch Bürger sein. Dies ist bei C nicht der Fall.

Somit ist diese Voraussetzung nicht erfüllt und das Bürgerbegehren schon insoweit formell unzulässig. Im Folgenden wird hilfsgutachterlich weiter geprüft.

6. Transparenzpflichten, § 26a GO NRW
Weiterhin sind die Transparenzpflichten aus § 26a GO NRW zu prüfen.

Mangels entgegenstehender Anhaltspunkte im Sachverhalt ist zu unterstellen, dass den Anforderungen aus § 26a GO NRW auch entsprochen wurde.

7. Kostenschätzung, § 26 Abs. 2 Satz 5 GO NRW
Weiterhin ist die Kostenschätzung zu prüfen. Nach § 26 Abs. 2 Satz 5 GO NRW teilt die Verwaltung den Vertretungsberechtigten in Textform eine Einschätzung der mit der Durchführung der verlangten Maßnahme verbundenen Kosten (Kostenschätzung) mit.

Die erforderliche Kostenschätzung wurde beigefügt. Demgemäß ist auch diese Voraussetzung erfüllt.

8. Unterschriftenquorum, § 26 Abs. 4 GO NRW

Weiterhin ist das Unterschriftenquorum zu prüfen. Nach § 26 Abs. 4 Satz 1 GO NRW muss ein Bürgerbegehren in Abhängigkeit von den Einwohnern von einem bestimmten prozentualen Anteil der Bürger unterzeichnet sein.

Die kreisfreie Stadt H hat 200.001 Einwohner, so dass nach § 26 Abs. 4 Satz 1 GO NRW Unterschriften von 4 % der Bürger erforderlich sind. Die Stadt H hat 145.000 Bürger, mithin sind 5.800 Unterschriften (= 4 % der Bürger) erforderlich.

Auf der Unterschriftenliste unterschreiben 5.799 Bürger, so dass eine Unterschrift fehlt. Somit ist auch diese formelle Voraussetzung nicht erfüllt und das Bürgerbegehren auch insoweit formell unzulässig.

9. Bei Bürgerbegehren gegen Ratsbeschluss, Frist nach § 26 Abs. 3 GO NRW

Bei einem Bürgerbegehren gegen einen Ratsbeschluss (sog. kassatorisches Bürgerbegehren) müsste auch die Frist nach § 26 Abs. 3 GO NRW beachtet werden. Nach § 26 Abs. 3 Satz 1 GO NRW beträgt die Frist sechs Wochen nach der Bekanntmachung des Beschlusses, sofern sich das Bürgerbegehren gegen einen Beschluss des Rates richtet.

Hier richtet sich das Bürgerbegehren zwar gegen den Beschluss des Rates vom 14.03.20xx. Allerdings wurde der Ratsbeschluss nicht öffentlich bekannt gemacht. Somit kommt § 26 Abs. 3 Satz 1 GO NRW nicht zur Anwendung.

Etwas anderes könnte sich aus § 26 Abs. 3 Satz 2 GO NRW ergeben. Hiernach beträgt die Frist drei Monate nach dem Sitzungstag gegen einen Beschluss, der nicht der Bekanntmachung bedarf.

Vorliegend bedarf der Ratsbeschluss nicht der Bekanntmachung, so dass § 26 Abs. 3 Satz 2 GO NRW einschlägig ist. Sitzungstag war vorliegend Freitag, d. 14.03.20xx. Die 3-Monatsfrist endet somit am 14.06.20xx. Dies war ein Samstag, so dass gemäß § 193 BGB Fristende Montag, d. 16.06.20xx, 24 Uhr gewesen ist. Das Bürgerbegehren wurde am Dienstag, d. 17.06.20xx eingereicht und ist demnach verfristet. Das Bürgerbegehren ist mangels Wahrung der Frist formell unzulässig.

10. Kein Ausschluss nach § 26 Abs. 5 GO NRW

Abschließend ist zu prüfen, ob das Bürgerbegehren nicht nach § 26 Abs. 5 GO NRW ausgeschlossen ist.

Mangels Anhaltspunkte im Sachverhalt ist das Bürgerbegehren auch nicht nach § 26 Abs. 5 GO NRW ausgeschlossen.

11. Ergebnis
Im Ergebnis ist festzustellen, dass die formellen Anforderungen hinsichtlich des Benennens der Vertreter, des Unterschriftenquorums sowie der Frist nicht erfüllt sind.

Das Bürgerbegehren ist demnach unzulässig.

Anmerkungen zum Lösungsvorschlag
In der Lösung wurde bewusst auf nähere Ausführungen zur Textform gemäß § 126b BGB verzichtet, da ein „schriftliches" Bürgerbegehren initiiert wurde und demnach diese Anforderung zweifelsfrei erfüllt ist. Gleiches gilt für Ausführungen zur Transparenzpflicht nach § 26a GO NRW sowie zum Ausschluss nach § 26 Abs. 5 GO NRW, da der Sachverhalt zu diesen Punkten keine Angaben enthält. Insofern wurde an diesen Stellen bewusst von einer strikt gutachterlichen Bearbeitung abgewichen.

Bzgl. der nach § 26 Abs. 2 Satz 5 GO NRW seitens der Verwaltung beizubringenden Kostenschätzung ist auf eine mögliche Hemmung der Frist nach § 26 Abs. 3 Satz 3 GO NRW zu achten.

2.3.6 Ratsbeschluss (Formelle Rechtmäßigkeit)

Sachverhalt
Sie sind Verwaltungsangestellte/r bei der kreisangehörigen Stadt X in NRW (30.000 Einwohner) und unterstützen den vom Rat der Stadt bestellten Protokollführer bei der Vor- und Nachbereitung der Ratssitzungen.

Da der Bürgermeister der Gemeinde X längerfristig krankheitsbedingt abwesend ist, hat der 1. Beigeordnete den Rat zu einer Sitzung am 15.07.20xx einberufen. Bei der Vorbereitung dieser Sitzung hat der 1. Beigeordnete die Tagesordnung aufgestellt. Der 1. Beigeordnete macht Tagesordnung, Zeit und Ort der Ratssitzung öffentlich bekannt – entsprechend der Regelung in der Hauptsatzung. Ladungsfrist und Form der Einberufung entsprechen den Regelungen der Geschäftsordnung.

Der Rat der Gemeinde X tritt am 15.07.20xx zu seiner Sitzung zusammen, die durch den 1. stellvertretenden Bürgermeister eröffnet wird. Zur Sitzung sind 30 Ratsmitglieder erschienen.

Unter TOP 1 beschließt der Rat die Erhöhung der Abfallbeseitigungsgebühren.

Zum Zeitpunkt der Abstimmung waren elf Ratsmitglieder nicht im Sitzungssaal anwesend. Der Beschluss wird mit acht Ja-Stimmen, sieben Nein-Stimmen und vier Enthaltungen gefasst.

Prüfen Sie gutachterlich, ob der Ratsbeschluss zu TOP 1 formell rechtmäßig zustande gekommen ist.

Hinweise zur Fallgestaltung

Der Sachverhalt stellt einen typischen Standardfall für den Einstieg in die Prüfung der Rechtmäßigkeit eines Ratsbeschlusses dar. Probleme stellen die Vertretungsregelungen nach §§ 67, 68 GO NRW im Falle der Verhinderung des Bürgermeisters dar, sowie die Prüfung der Beschlussfähigkeit. Im Rahmen der Aufgabenstellung ist hier – wie auch bereits bei der Prüfung des Bürgerbegehrens – zu berücksichtigen, dass nicht eine vollständige Prüfung der Rechtmäßigkeit des Ratsbeschlusses, also die Prüfung der formellen und materiellen Rechtmäßigkeit gefordert ist, sondern lediglich die Prüfung der formellen Rechtmäßigkeit. Im Übrigen kann das Prüfschema einfach gutachterlich „abgearbeitet" werden.

Lösungsvorschlag

Zu prüfen ist, ob der Ratsbeschluss zu TOP 1 formell rechtmäßig zustande gekommen ist. Dies ist der Fall, wenn die Zuständigkeit gegeben und der Ratsbeschluss zu TOP 1 in einem ordnungsgemäßen Verfahren zustande gekommen ist.

I. Zuständigkeit

Zunächst gilt es die Zuständigkeit zu prüfen. Diese gliedert sich in die Prüfung der Verbandskompetenz der Gemeinde X sowie der Organzuständigkeit des Rates der Gemeinde X.

1. Verbandskompetenz der Gemeinde X, Art. 28 Abs. 2 Satz 1 GG

Zunächst müsste die Verbandskompetenz der Gemeinde X nach Art. 28 Abs. 2 Satz 1 GG vorliegen. Demnach muss den Gemeinden das Recht gewährleistet sein, alle Angelegenheiten der örtlichen Gemeinschaft im Rahmen der Gesetze in eigener Verantwortung zu regeln. „Angelegenheiten der örtlichen Gemeinschaft" ist ein unbestimmter Rechtsbegriff, der ausgelegt werden muss. „Angelegenheiten der örtlichen Gemeinschaft" sind solche, die in der örtlichen Gemeinschaft wurzeln oder auf sie einen spezifischen Bezug haben, die den Gemeindeeinwohnern als solchen gemeinsam sind, indem sie das Zusammenleben und Zusammenwohnen der Menschen in der politischen Gemeinde betreffen. Diese Aufgaben dürfen von der Gemeinde eigenverantwortlich wahrgenommen werden und sind insb. dann betroffen, wenn mindestens eine der Gemeindehoheiten einschlägig ist.

Vorliegend könnte die Finanzhoheit einschlägig sein. Hierunter versteht man die Befugnis der Gemeinde zur eigenverantwortlichen Einnahmen- und Ausgabenwirtschaft. Unter TOP 1 wurde die Erhöhung der Abfallbeseitigungsgebühren beschlossen. Durch diese Erhöhung wird die Einnahmenseite der Gemeinde X positiv beeinflusst. Folglich ist die Finanzhoheit betroffen.

Darüber hinaus könnte auch die Rechtsetzungshoheit einschlägig sein. Diese umfasst die Befugnis der Gemeinde, die eigenen Angelegenheiten (generell-abstrakt) durch Satzung (sog. Satzungsautonomie) und im Einzelfall durch Verwaltungsakt zu regeln.

Gebühren i.S.d. KAG NRW werden in Satzungen geregelt. Im Falle der Erhöhung der Abfallbeseitigungsgebühren müsste demnach die entsprechend bestehende Gebührensatzung geändert werden.

Somit ist auch die Rechtsetzungshoheit betroffen.

Insgesamt sind demnach zwei Gemeindehoheiten betroffen, so dass die Erhöhung der Abfallbeseitigungsgebühren auch eine Angelegenheit der örtlichen Gemeinschaft gemäß Art. 28 Abs. 2 Satz 1 GG darstellt und die Verbandskompetenz der Gemeinde X gegeben ist.

2. Organzuständigkeit des Rates, § 41 GO NRW

Weiterhin müsste auch die Organzuständigkeit des Rates der Gemeinde X nach § 41 GO NRW vorliegen. Gemäß § 41 Abs. 1 Satz 1 GO NRW ist der Rat der Gemeinde für alle Angelegenheiten der Gemeindeverwaltung zuständig, soweit dieses Gesetz nichts anderes bestimmt. Gemäß § 41 Abs. 1 Satz 2 lit. i) GO NRW kann der Rat die Entscheidung über die Festsetzung allgemein geltender öffentlicher Abgaben und privatrechtlicher Entgelte nicht übertragen. Abfallbeseitigungsgebühren sind Gebühren i.S.d. KAG NRW und demnach auch allgemein geltende öffentliche Abgaben, so dass der Rat hier gemäß § 41 Abs. 1 Satz 2 lit. i) GO NRW ausschließlich zuständig ist.

3. Zwischenergebnis

Die Verbandskompetenz der Gemeinde X gemäß Art. 28 Abs. 2 Satz 1 GG sowie die Organzuständigkeit des Rates der Gemeinde X nach § 41 GO NRW liegen vor, so dass auch die Zuständigkeit gegeben ist.

II. Verfahren

Weiterhin ist zu prüfen, ob der Ratsbeschluss unter TOP 1 auch in einem ordnungsgemäßen Verfahren zustande gekommen ist. Dies ist er, wenn die nachfolgenden Verfahrensvoraussetzungen vorliegen.

1. Ordnungsgemäße Einberufung des Rates durch den Bürgermeister, § 47 Abs. 1 Satz 1 GO NRW

Zunächst ist die ordnungsgemäße Einberufung des Rates zu prüfen. Gemäß § 47 Abs. 1 Satz 1 GO NRW wird der Rat vom Bürgermeister einberufen.

Der Bürgermeister der Gemeinde X war längerfristig krankheitsbedingt abwesend, so dass der Rat nicht vom Bürgermeister einberufen wurde. Die Einberufung erfolgt durch den 1. Beigeordneten.

Fraglich ist, ob der 1. Beigeordnete den Bürgermeister ordnungsgemäß vertreten hat. Nach § 68 Abs. 1 Satz 1 GO NRW bestellt der Rat einen Beigeordneten zum allgemeinen Vertreter des Bürgermeisters. Als allgemeiner Vertreter ist der 1. Beigeordnete berechtigt, den Rat anstelle des Bürgermeisters einzuberufen, so dass eine ordnungsgemäße Vertretung vorliegt. Demnach ist diese Voraussetzung erfüllt und der Rat wurde vom 1. Beigeordneten ordnungsgemäß einberufen.

2. *Festsetzung der Tagesordnung durch den Bürgermeister, § 48 Abs. 1 Satz 1 GO NRW*

Weiterhin müsste die Tagesordnung durch den Bürgermeister festgesetzt worden sein. Nach § 48 Abs. 1 Satz 1 GO NRW setzt der Bürgermeister die Tagesordnung fest.

Wie bereits festgestellt war der Bürgermeister längerfristig krankheitsbedingt abwesend, so dass die Tagesordnung nicht durch ihn festgesetzt wurde. Vielmehr hat der 1. Beigeordnete die Tagesordnung festgesetzt, so dass auch hier fraglich ist, ob eine ordnungsgemäße Vertretung vorliegt. Unter Bezugnahme auf die Ausführungen unter II.1. ist dies mit dem 1. Beigeordneten als allgemeinem Vertreter zu bejahen. Folglich erfolgte die Festsetzung der Tagesordnung durch den 1. Beigeordneten auch ordnungsgemäß.

3. *Öffentlichkeit der Ratssitzung, § 48 Abs. 2 Satz 1 GO NRW*

Weiterhin ist die Öffentlichkeit der Ratssitzung zu prüfen. Nach § 48 Abs. 2 Satz 1 GO NRW sind die Sitzungen des Rates grundsätzlich öffentlich. Mangels entgegenstehender Anhaltspunkte im Sachverhalt ist zu unterstellen, dass die Ratssitzung auch öffentlich war.

4. *Beschlussfähigkeit, § 49 Abs. 1 Satz 1 GO NRW*

Weiterhin ist die Beschlussfähigkeit des Rates zu prüfen. Nach § 49 Abs. 1 Satz 1 GO NRW ist der Rat beschlussfähig, wenn mehr als die Hälfte der gesetzlichen Mitgliederzahl anwesend ist. Somit ist die gesetzliche Mitgliederzahl fraglich. Nach § 40 Abs. 2 Satz 2 GO NRW besteht der Rat aus den gewählten Ratsmitgliedern und dem Bürgermeister als Mitglied kraft Gesetzes.

Demnach sind die gewählten Ratsmitglieder zu bestimmen. Die Berechnung der gewählten Ratsmitglieder ist abhängig von der Einwohnerzahl nach § 3 Abs. 2 Satz 1 lit. a) KommwahlG NRW. Die Gemeinde X hat 30.000 Einwohner. Gemäß § 3 Abs. 2 Satz 1 lit. a) KommwahlG NRW hat die Gemeinde X 38 gewählte Ratsmitglieder, zuzüglich des Bürgermeisters als Mitglied kraft Gesetzes nach § 40 Abs. 2 Satz 2 GO NRW, insgesamt also 39 gesetzliche Mitglieder. „Mehr als die Hälfte" sind demnach mindestens 20 Mitglieder.

Zur Sitzung sind 30 Ratsmitglieder erschienen, so dass diese Anforderung erfüllt sein könnte. Hierbei ist aber zu berücksichtigen, dass für die Beschlussfähigkeit der Zeitpunkt der konkreten Beschlussfassung maßgeblich ist. Zu diesem maßgeblichen Zeitpunkt waren elf Ratsmitglieder nicht im Sitzungssaal anwesend, d.h. es sind lediglich 19 gesetzliche Mitglieder anwesend, so dass ein Mitglied zur Feststellung der Beschlussfähigkeit nach § 49 Abs. 1 Satz 1 GO NRW fehlt. (Hinweis: Zum selben Ergebnis gelangt man unter Zugrundelegung des Abstimmungsergebnisses und § 50 Abs. 5 GO NRW). Demnach war der Rat nicht nach § 49 Abs. 1 Satz 1 GO NRW beschlussfähig.

Etwas anderes könnte sich aus § 49 Abs. 1 Satz 2 GO NRW ergeben. Danach gilt der Rat als beschlussfähig, solange seine Beschlussunfähigkeit nicht festgestellt wurde. Die Beschlussunfähigkeit des Rates wurde vorliegend nicht festgestellt, mithin gilt der Rat nach § 49 Abs. 1 Satz 2 GO NRW als beschlussfähig.

5. Ordnungsgemäße Sitzungsleitung durch den Bürgermeister, § 51 Abs. 1 GO NRW

Weiterhin ist die ordnungsgemäße Sitzungsleitung zu prüfen. Nach § 51 Abs. 1 GO NRW leitet der Bürgermeister die Verhandlungen, eröffnet und schließt die Sitzungen, handhabt die Ordnung und übt das Hausrecht aus.

Der Bürgermeister war auch zum Termin der Ratssitzung abwesend, so dass er auch nicht die Ratssitzung geleitet hat. Die Ratssitzung wurde vom 1. stellvertretenden Bürgermeister geleitet. Insofern ist fraglich, ob eine ordnungsgemäße Vertretung vorliegt. Nach § 67 Abs. 1 Satz 2 GO NRW vertreten die ehrenamtlichen Stellvertreter des Bürgermeisters den Bürgermeister bei der Leitung der Ratssitzungen und bei der Repräsentation. Somit wurde der Bürgermeister bei der Sitzungsleitung durch den 1. stellvertretenden Bürgermeister ordnungsgemäß vertreten.

6. Ordnungsgemäße Abstimmung, § 50 Abs. 1 Satz 3 GO NRW

Weiterhin ist die ordnungsgemäße Abstimmung zu prüfen. Nach § 50 Abs. 1 Satz 3 GO NRW erfolgt die Abstimmung grundsätzlich offen. Mangels entgegenstehender Anhaltspunkte im Sachverhalt ist dies zu unterstellen.

7. Erforderliche Mehrheit, § 50 Abs. 1 Satz 1 GO NRW

Weiterhin ist zu prüfen, ob für den Ratsbeschluss unter TOP 1 auch die erforderliche Mehrheit vorgelegen hat. Nach § 50 Abs. 1 Satz 1 GO NRW werden Beschlüsse mit Stimmenmehrheit gefasst, soweit das Gesetz nichts anderes vorschreibt. Stimmenmehrheit bedeutet einfache Mehrheit.

Der Beschluss zu TOP 1 wurde mit acht Ja-Stimmen, sieben Nein-Stimmen und vier Enthaltungen gefasst. Nach § 50 Abs. 5 GO NRW sind die Enthaltungen nicht zu berücksichtigen, so dass mit acht Ja-Stimmen zu sieben Nein-Stimmen Stimmen auch die einfache Mehrheit vorliegt.

Die erforderliche Mehrheit ist demnach gegeben.

8. Mitwirkungsverbote wegen Befangenheit, §§ 50 Abs. 6, 31 GO NRW

Weiterhin sind Mitwirkungsverbote wegen Befangenheit nach §§ 50 Abs. 6, 31 GO NRW zu prüfen. Hierzu macht der Sachverhalt keine Angaben, so dass unterstellt wird, dass keine Mitwirkungsverbote bestehen.

*9. **Zwischenergebnis***
Der Ratsbeschluss unter TOP 1 ist in einem ordnungsgemäßen Verfahren zustande gekommen.

*10. **Ergebnis***
Der Ratsbeschluss unter TOP 1 ist demnach formell rechtmäßig zustande gekommen.

Anmerkungen zum Lösungsvorschlag
Alternativ hätte man die Organzuständigkeit des Rates auch über § 41 Abs. 1 Satz 2 lit. f) GO NRW und der damit erforderlichen Änderung der entsprechenden Gebührensatzung begründen können.

2.4 STAATSRECHT

2.4.1 Die Beschlussfähigkeit bei Beschlussfassungen im Bundestag

Sachverhalt
Im Bundestag wurde ein Gesetz beschlossen, das den Betrieb und die Zulassung von Tankstellen regelt (Tankstellengesetz). Im Rahmen des Gesetzgebungsverfahrens hat der Bundestag bei Anwesenheit von 200 Abgeordneten den entsprechenden Gesetzesbeschluss gefasst.

Prüfen Sie gutachterlich, ob der Bundestag beschlussfähig war.

Bearbeitungshinweis: Es ist davon auszugehen, dass der Deutsche Bundestag aus 630 Mitgliedern besteht.

Hinweise zur Fallgestaltung
Im Mittelpunkt der Bearbeitung steht § 45 der Geschäftsordnung des Deutschen Bundestages.

Lösungsvorschlag

Zu prüfen ist, ob der Bundestag beschlussfähig war.

Regelungen zur Beschlussfähigkeit des Bundestages finden sich nicht im Grundgesetz. Nach Art. 40 Abs. 1 Satz 2 GG gibt der Bundestag sich eine Geschäftsordnung. Nach § 45 Abs. 1 der Geschäftsordnung des Deutschen Bundestages (GeschO BT) ist der Bundestag beschlussfähig, wenn mehr als die Hälfte seiner Mitglieder im Sitzungssaal anwesend ist.

Lt. Bearbeitungshinweis ist davon auszugehen, dass der Deutsche Bundestag aus 630 Mitgliedern besteht. Folglich müssten mindestens 316 Mitglieder im Sitzungssaal anwesend sein.

Vorliegend waren nur 200 Bundestagsmitglieder bei der Abstimmung anwesend. Demnach war der Bundestag nicht nach § 45 Abs. 1 GeschO BT beschlussfähig.

Etwas anderes könnte sich jedoch aus § 45 Abs. 2 GeschO BT ergeben. Nach § 45 Abs. 2 GeschO BT gilt der Bundestag als beschlussfähig, solange die Beschlussfähigkeit nicht von einer Fraktion oder von 5 % der Bundestagsmitglieder bezweifelt und die Beschlussunfähigkeit durch Zählung der Stimmen in Verbindung mit der Abstimmung festgestellt wird. Die Beschlussfähigkeit wird in diesem Fall fingiert.

Vorliegend wurde die Beschlussfähigkeit weder von einer Fraktion noch von 5 % der Bundestagsmitglieder bezweifelt, so dass der Bundestag als beschlussfähig gilt.

Folglich war der Bundestag beschlussfähig.

Anmerkungen zum Lösungsvorschlag
Neben der kurzen gutachterlichen Begutachtung steht inhaltlich die Fiktion der Beschlussfähigkeit, wie es sie bspw. auch bei Beschlüssen des Rates gemäß § 49 Abs. 1 Satz 2 GO NRW gibt, im Vordergrund.

2.4.2 Die erforderliche Mehrheit bei Beschlussfassungen im Bundestag

Sachverhalt
Die Abstimmung zum Tankstellengesetz ergab 80 Ja-Stimmen, 100 Nein-Stimmen und 20 Enthaltungen.

Prüfen Sie gutachterlich, ob das Tankstellengesetz ordnungsgemäß beschlossen wurde.

Hinweise zur Fallgestaltung
Im Mittelpunkt des SV stehen die Vorschrift des Grundgesetzes sowie Vorschriften der GeschO BT über die erforderliche Mehrheit bei Gesetzesbeschlüssen.

Lösungsvorschlag

Zu prüfen ist, ob das Tankstellengesetz ordnungsgemäß beschlossen wurde, insbesondere, ob die erforderliche Mehrheit bei der Beschlussfassung vorlag.

Nach Art. 42 Abs. 2 Satz 1 GG ist zu einem Beschluss des Bundestages die Mehrheit der abgegebenen Stimmen erforderlich, soweit dieses Grundgesetz nichts anderes bestimmt. Das Grundgesetz sieht hier keine andere Regelung vor, so dass die Mehrheit der abgegebenen Stimmen erforderlich ist. Nach § 48 Abs. 2 Satz 1 GeschO BT entscheidet die einfache Mehrheit, so dass es allein auf die Mehrheit der Ja-Stimmen gegenüber den Nein-Stimmen ankommt und Stimmenthaltungen nicht mitzählen. Nach § 48 Abs. 2 Satz 2 GeschO BT verneint Stimmengleichheit die Frage.

Somit liegen hier 80 Ja-Stimmen gegen 100 Nein-Stimmen vor, so dass die erforderliche Mehrheit nicht vorlag.

Demnach wurde das Tankstellengesetz auch nicht ordnungsgemäß beschlossen.

Anmerkungen zum Lösungsvorschlag

Vorliegend liegt ein Verstoß gegen die Regelung der GeschO BT vor. Bei derartigen Verstößen ist verfassungsrechtlich fraglich, ob nur ein Verstoß gegen unwesentliche Verfahrensvorschriften der GeschO BT vorliegt oder ob gegen wesentliche Vorschriften verstoßen wurde. Nur im zuletzt genannten Fall führt der Verstoß auch zur formellen Verfassungswidrigkeit des Gesetzes. Im vorliegenden Fall ist der Verstoß wesentlich, da mit dem Verstoß gegen die Regelung der GeschO BT zugleich auch gegen das Grundgesetz, nämlich gegen das Mehrheitsprinzip aus Art. 42 Abs. 2 Satz 1 GG, verstoßen wurde. Demnach ist das Tankstellengesetz vorliegend formell verfassungswidrig.

2.4.3 Die freie Entfaltung der Persönlichkeit, Art. 2 Abs. 1 GG

Sachverhalt

Zahlreiche kommunale Satzungen sehen ein Fütterungsverbot von Wildtauben auf öffentlichen Plätzen, Wegen und in öffentlichen Parks vor, so auch die entsprechende Satzung der Stadt S.

Die leidenschaftliche Tierfreundin Teodora Taube (T), die regelmäßig Wildtauben insb. in öffentlichen Parks der Stadt S hobbymäßig füttert, sieht sich durch das Verbot in ihren Grundrechten verletzt.

Prüfen Sie gutachterlich, ob Teodora Taube (T) durch das in der kommunalen Satzung der Stadt S vorgesehene Fütterungsverbot von Wildtauben in ihren Grundrechten verletzt wird.

Hinweise zur Fallgestaltung

Dies ist ein typischer praxisorientierter Fall, wie er im Rahmen einer Grundrechtsprüfung als Einstieg in das Modul Staats- und Europarecht im VL II von den Teilnehmern zu erwarten ist. Der Fall weist in rechtlicher Hinsicht keine Probleme auf. Die Teilnehmer müssen lediglich das Prüfschema für die Prüfung der Verletzung eines Freiheitsgrundrechts beherrschen und gutachterlich anwenden.

Lösungsvorschlag

Teodora Taube (T) könnte durch das in der kommunalen Satzung der Stadt S vorgesehene Fütterungsverbot von Wildtauben in ihrem Grundrecht auf freie Entfaltung der Persönlichkeit aus Art. 2 Abs. 1 GG verletzt sein.

Dann müsste ein Eingriff in den Schutzbereich des Art. 2 Abs. 1 GG vorliegen, der verfassungsrechtlich nicht gerechtfertigt ist.

I. Schutzbereich

Zunächst müsste der Schutzbereich des Art. 2 Abs. 1 GG eröffnet sein. Dieser gliedert sich in den persönlichen und sachlichen Schutzbereich.

1. Persönlicher Schutzbereich

Zunächst müsste der persönliche Schutzbereich eröffnet sein. Art. 2 Abs. 1 GG schützt „Jeden", ist somit ein Menschenrecht, auf das sich T als natürliche Person berufen kann.

Der persönliche Schutzbereich ist eröffnet.

2. Sachlicher Schutzbereich

Darüber hinaus müsste auch der sachliche Schutzbereich eröffnet sein. Art. 2 Abs. 1 GG schützt die freie Entfaltung der Persönlichkeit. Gemeint ist hier die allgemeine Handlungsfreiheit. Hierunter versteht man jedes menschliche Verhalten, das nicht in den (sachlichen) Schutzbereich eines besonderen Freiheitsgrundrechts fällt.

Das Füttern von Wildtauben durch T stellt ein menschliches Verhalten dar, welches als hobbymäßige Betätigung auch nicht in den (sachlichen) Schutzbereich eines besonderen Freiheitsgrundrechts fällt.

Der sachliche Schutzbereich ist demnach eröffnet.

Somit ist der Schutzbereich insgesamt eröffnet.

II. Eingriff

In den Schutzbereich des Art. 2 Abs. 1 GG müsste eingegriffen worden sein. Unter Eingriff versteht man jede staatliche Maßnahme, die ein Verhalten, das in den Schutzbereich des Art. 2 Abs. 1 GG fällt, wesentlich erschwert oder unmöglich macht.

Die staatliche Maßnahme stellt das Fütterungsverbot von Wildtauben dar, welches in der kommunalen Satzung der Stadt S geregelt ist. Dies macht das Füttern von Wildtauben zwar nicht tatsächlich unmöglich, denn Wildtauben können ja trotz Verbot auch weiterhin gefüttert werden. Allerdings wird das Füttern durch das Verbot in der kommunalen Satzung der Stadt S rechtlich unmöglich gemacht.

Demzufolge liegt auch ein Eingriff in den Schutzbereich des Art. 2 Abs. 1 GG vor.

III. Verfassungsrechtliche Rechtfertigung

Der Eingriff in den Schutzbereich des Art. 2 Abs. 1 GG könnte verfassungsrechtlich gerechtfertigt sein. Der Eingriff ist verfassungsrechtlich gerechtfertigt, wenn er durch eine Grundrechtsschranke gedeckt ist.

1. Festlegung der Grundrechtsschranke

Zunächst gilt es, die Grundrechtsschranke des Art. 2 Abs. 1 GG zu bestimmen. Das Grundrecht aus Art. 2 Abs. 1 GG findet seine Grundrechtsschranke in Art. 2 Abs. 1

Hs. 2 GG, in den Rechten anderer, der verfassungsmäßigen Ordnung und dem Sittengesetz; sog. Schrankentrias.

Maßgeblich ist die verfassungsmäßige Ordnung. Hierunter versteht man die Summe aller Normen, die formell und materiell mit der Verfassung im Einklang stehen. Die „Rechte anderer" und das „Sittengesetz" gehen in dem Begriff der verfassungsmäßigen Ordnung auf und haben daneben keine eigenständige Bedeutung.

Folglich liegt ein einfacher Gesetzesvorbehalt vor.

2. Verfassungsmäßigkeit der kommunalen Satzung

Weiterhin müsste die kommunale Satzung der Stadt S mit dem Fütterungsverbot als materielles Gesetz verfassungsgemäß sein. Die Prüfung der Verfassungsmäßigkeit eines Gesetzes gliedert sich in die Prüfung der formellen und materiellen Verfassungsmäßigkeit.

a) Formelle Verfassungsmäßigkeit

Zunächst müsste das Gesetz formell verfassungsgemäß sein.

Mangels entgegenstehender Anhaltspunkte im Sachverhalt ist die formelle Verfassungsmäßigkeit des Gesetzes zu unterstellen.

b) Materielle Verfassungsmäßigkeit

Darüber hinaus müsste das Gesetz auch materiell verfassungsgemäß sein. Die Prüfung der materiellen Verfassungsmäßigkeit setzt sich aus der Prüfung der allgemeinen Anforderungen aus Art. 19 und Art. 20 Abs. 3 GG (Rechtsstaatsprinzip) zusammen.

aa) Zitiergebot aus Art. 19 Abs. 1 Satz 2 GG

Fraglich ist, ob das Zitiergebot aus Art. 19 Abs. 1 Satz 2 GG bei Art. 2 Abs. 1 GG Anwendung findet. Das Zitiergebot aus Art. 19 Abs. 1 Satz 2 GG gilt als Warnfunktion an den Gesetzgeber. Dieser soll durch das Zitiergebot dafür sensibilisiert werden, dass er sich im grundrechtlich relevanten Bereich bewegt.

Jedes belastende Gesetz greift aber immer zumindest in das Grundrecht aus Art. 2 Abs. 1 GG ein, so dass Art. 2 Abs. 1 GG bei jedem belastenden Gesetz auch entsprechend zitiert werden müsste. Damit würde die Warnfunktion des Art. 19 Abs. 1 Satz 2 GG leerlaufen. Aus diesem Grunde findet das Zitiergebot aus Art. 19 Abs. 1 Satz 2 GG bei Art. 2 Abs. 1 GG aus Rechtsgründen keine Anwendung.

bb) Grundsatz der Verhältnismäßigkeit aus Art. 20 Abs. 3 GG

Weiterhin müsste das gesetzliche Fütterungsverbot auch dem Grundsatz der Verhältnismäßigkeit aus Art. 20 Abs. 3 GG entsprechen. Dies ist der Fall, wenn das gesetzliche Fütterungsverbot einen legalen Zweck verfolgt und geeignet, erforderlich und angemessen ist.

Als legaler Zweck verfolgt das Fütterungsverbot das Ziel, die Gesundheit der Bevölkerung zu schützen. Taubenkot enthält Parasiten, die auf den Menschen übertragen werden können und zu gesundheitlichen Beeinträchtigungen führen können.

Zunächst müsste das gesetzliche Fütterungsverbot geeignet sein. Eine Maßnahme ist geeignet, wenn sie den Zweck zumindest fördert. Wenn auf öffentlichen Wegen und Plätzen und in öffentlichen Parks Wildtauben nicht mehr gefüttert werden, dann werden sich diese auch dort nicht länger aufhalten und eine Kontaktaufnahme des Menschen mit dem Taubenkot wird entsprechend vermindert.

Folglich wird der Zweck gefördert und die Maßnahme ist geeignet.

Weiter ist zu prüfen, ob das gesetzliche Fütterungsverbot erforderlich ist. Eine Maßnahme ist erforderlich, wenn sie unter gleich geeigneten Maßnahmen die mildeste Maßnahme ist.

Eine gleich geeignete und mildere Maßnahme ist nicht ersichtlich. Folglich ist die Maßnahme auch erforderlich.

Abschließend ist fraglich, ob das gesetzliche Fütterungsverbot auch angemessen ist. Eine Maßnahme ist angemessen, wenn im Rahmen einer Güterabwägung die Nachteile für die von der Maßnahme Betroffenen nicht außer Verhältnis zu den Vorteilen für die Allgemeinheit stehen.

Der Nachteil für die von dem gesetzlichen Fütterungsverbot Betroffenen und hier für T besteht darin, dass sie die Wildtauben nicht mehr füttern dürfen. Damit geht ein Eingriff in das Grundrecht aus Art. 2 Abs. 1 GG einher.

Dem gegenüber bestehen die Vorteile für die Allgemeinheit in dem Schutz des auch durch Art. 2 Abs. 2 Satz 1 GG geschützten Rechtsgutes der körperlichen Unversehrtheit und der Gesundheit.

Im Rahmen einer Güterabwägung ist zu berücksichtigen, dass es sich bei dem durch Art. 2 Abs. 2 Satz 1 GG geschützten Rechtsgut um ein solches mit Verfassungsrang handelt und der Eingriff in Art. 2 Satz 1 GG nur gering ist, denn es wird ja durch die kommunale Satzung nicht jegliches Füttern von Wildtauben untersagt, so dass diese bspw. auf privatem Grund und Boden problemlos gefüttert werden können. Folglich stehen die Nachteile für die von der Maßnahme Betroffenen auch nicht außer Verhältnis zu den Vorteilen für die Allgemeinheit.

Insgesamt bleibt somit festzuhalten, dass die Maßnahme auch angemessen ist.

Somit entspricht das gesetzliche Fütterungsverbot auch dem Grundsatz der Verhältnismäßigkeit aus Art. 20 Abs. 3 GG.

Das Gesetz ist demnach auch materiell und somit auch insgesamt verfassungsgemäß.

IV. Ergebnis

Folglich ist der Eingriff in den Schutzbereich des Art. 2 Abs. 1 GG verfassungsrechtlich gerechtfertigt.

Teodora Taube (T) wird durch das in der kommunalen Satzung der Stadt S vorgesehene Fütterungsverbot von Wildtauben nicht in ihrem Grundrecht auf freie Entfaltung der Persönlichkeit aus Art. 2 Abs. 1 GG verletzt.

Anmerkungen zum Lösungsvorschlag

Zunächst gilt es zu erkennen, dass eine kommunale Satzung, wie die der Stadt S, ein Gesetz im materiellen Sinne darstellt und somit ein Gesetz ist.

Durch den Hinweis im Sachverhalt, dass T die Tauben „hobbymäßig" füttert, sind etwaige Ausführungen zu Art. 12 Abs. 1 GG – als besonderes Freiheitsgrundrecht – überflüssig. Im Rahmen der allgemeinen Anforderungen aus Art. 19 und Art. 20 Abs. 3 GG (Rechtsstaatsprinzip) sind nur solche zu thematisieren, die aus tatsächlichen oder rechtlichen Gründen Fragen aufwerfen. Dies ist bei einer Prüfung von Art. 2 Abs. 1 GG aus Rechtsgründen stets bzgl. des Zitiergebots aus Art. 19 Abs. 1 Satz 2 GG und dem Verhältnismäßigkeitsgrundsatz aus Art. 20 Abs. 3 GG der Fall.

2.4.4 Die Berufsfreiheit, Art. 12 Abs. 1 GG

Sachverhalt

Vor zehn Monaten ist ein formell verfassungsgemäßes Gesetz in Kraft getreten, das die Zulassung und den Betrieb von Tankstellen (Tankstellengesetz) regelt.

Auszugsweise lautet es:
(...)
§ 2
Der Verkauf von frischen, nicht verpackten Lebensmitteln in Tankstellen ist verboten.
(...)

Ulrich Unsinn (U), der in Kürze eine Tankstelle eröffnen will, sieht sich durch das Gesetz in seinen Grundrechten verletzt, da er aus Kostengründen frische Lebensmittel auch unverpackt verkaufen möchte. Schließlich gewährleiste Art. 2 Abs. 1 GG, das Recht auf freie Entfaltung der Persönlichkeit, dass jeder tun und lassen könne, was er wolle.

Prüfen Sie gutachterlich, ob U durch § 2 des Tankstellengesetzes in seinen Grundrechten verletzt wird.

Bearbeitungshinweis
Art. 14 Abs. 1 GG ist nicht zu prüfen.

Hinweise zur Fallgestaltung
Der Sachverhalt eignet sich insbesondere für Teilnehmer des VL II, sich in die komplexe Prüfung des Art. 12 Abs. 1 GG mit der sog. Drei-Stufen-Theorie einzuüben.

Lösungsvorschlag

I. Verletzung des Grundrechts aus Art. 12 Abs. 1 GG

Zu prüfen ist, ob Ulrich Unsinn (U) durch § 2 des Tankstellengesetzes in seinem Grundrecht auf Berufsfreiheit aus Art. 12 Abs. 1 GG verletzt wird. Dann müsste ein Eingriff in den Schutzbereich des Art. 12 Abs. 1 GG vorliegen, der verfassungsrechtlich nicht gerechtfertigt ist.

1. Schutzbereich

Zunächst müsste der Schutzbereich eröffnet sein. Dieser gliedert sich in die Prüfung des persönlichen und sachlichen Schutzbereichs.

a) Persönlicher Schutzbereich

Zunächst müsste der persönliche Schutzbereich des Art. 12 Abs. 1 GG eröffnet sein. Art. 12 Abs. 1 GG schützt „alle Deutschen" und ist somit ein Bürgerrecht, auf das sich alle deutschen Staatsangehörigen gemäß Art. 116 Abs. 1 GG berufen können.

Mangels entgegenstehender Angaben im Sachverhalt ist davon auszugehen, dass es sich bei U um einen deutschen Staatsangehörigen i.S.d. Art. 116 Abs. 1 GG handelt. Somit ist der persönliche Schutzbereich des Art. 12 Abs. 1 GG eröffnet.

b) Sachlicher Schutzbereich

Darüber hinaus müsste auch der sachliche Schutzbereich des Art. 12 Abs. 1 GG eröffnet sein. Nach Art. 12 Abs. 1 GG haben alle Deutschen das Recht, Beruf, Arbeitsplatz und Ausbildungsstätte frei zu wählen. Art. 12 Abs. 1 GG schützt als einheitliches Grundrecht die Berufsfreiheit. Unter Beruf versteht man jede sinnvolle und erlaubte Betätigung, die auf Dauer berechnet ist und der Schaffung und Erhaltung einer Lebensgrundlage dient. Der Betrieb einer Tankstelle stellt eine derartige Tätigkeit und somit auch einen Beruf dar. Demnach ist auch der sachliche Schutzbereich und somit der Schutzbereich insgesamt eröffnet.

2. Eingriff

In den Schutzbereich des Art. 12 Abs. 1 GG müsste eingegriffen worden sein. Unter Eingriff versteht man jede staatliche Maßnahme, die ein Verhalten, das in den Schutzbereich des Art. 12 Abs. 1 GG fällt, wesentlich erschwert oder unmöglich macht. Die staatliche Maßnahme stellt § 2 des Tankstellengesetzes dar, welcher den Verkauf von frischen, unverpackten Lebensmitteln verbietet. Insofern wird U dieser von ihm angestrebte Verkauf rechtlich unmöglich gemacht. Folglich liegt ein Eingriff in den Schutzbereich des Art. 12 Abs. 1 GG vor.

3. Verfassungsrechtliche Rechtfertigung
Der Eingriff in den Schutzbereich des Art. 12 Abs. 1 GG könnte verfassungsrechtlich gerechtfertigt sein. Dies ist er, wenn er durch eine Grundrechtsschranke gedeckt ist.

a) Festlegung der Grundrechtsschranke
Weiterhin ist die Grundrechtsschranke des Art. 12 Abs. 1 GG festzulegen. Art. 12 Abs. 1 Satz 2 GG bestimmt lediglich, dass die Berufsausübung durch oder aufgrund eines Gesetzes geregelt werden kann. Dieser einfache Gesetzesvorbehalt bezieht sich jedoch nach der Verfassungsauslegung über den Wortlaut hinaus auf die Berufsausübungs- und Berufswahlfreiheit. Dies wird damit begründet, dass Berufswahl und Berufsausübung in einem untrennbaren Zusammenhang stehen. Mit der Berufswahl beginnt die Berufsausübung, und in der Berufsausübung wird die Berufswahl immer wieder neu bestätigt. Darüber hinaus kann auch Art. 74 Abs. 1 Nr. 19 GG, der die Zulassung zu bestimmten Heilberufen zum Gegenstand hat, als Indiz dafür herangezogen werden, dass auch der Gesetzgeber von einer grundsätzlichen (gesetzlichen) Regelbarkeit auch der Berufswahl ausgeht.

Somit wird der einfache Gesetzesvorbehalt aus Art. 12 Abs. 1 Satz 2 GG über den Wortlaut hinaus auf die Berufsausübung und -wahl angewandt.

b) Verfassungsmäßigkeit des § 2 des Tankstellengesetzes
Nunmehr gilt es zu prüfen, ob § 2 des Tankstellengesetzes verfassungsgemäß ist. Die Prüfung der Verfassungsmäßigkeit eines Gesetzes gliedert sich in die Prüfung der formellen und der materiellen Verfassungsmäßigkeit.

aa) Formelle Verfassungsmäßigkeit
Zunächst müsste § 2 des Tankstellengesetzes formell verfassungsgemäß sein.

Dies ist lt. Sachverhalt der Fall, so dass diese Anforderung erfüllt ist.

bb) Materielle Verfassungsmäßigkeit
Darüber hinaus müsste § 2 des Tankstellengesetzes auch materiell verfassungsgemäß sein. Die Prüfung der materiellen Verfassungsmäßigkeit setzt sich aus der Prüfung der allgemeinen Anforderungen aus Art. 19 und Art. 20 Abs. 3 GG (Rechtsstaatsprinzip) zusammen.

(1) Zitiergebot aus Art. 19 Abs. 1 Satz 2 GG
Fraglich ist, ob das Zitiergebot aus Art. 19 Abs. 1 Satz 2 GG bei Art. 12 Abs. 1 GG Anwendung findet.

Nach Art. 12 Abs. 1 Satz 2 GG kann die Berufsausübung durch oder aufgrund eines Gesetzes geregelt werden.

Nach Art. 19 Abs. 1 Satz 2 GG muss außerdem das Gesetz das Grundrecht unter Angabe des Artikels nennen. Aufgrund des Wortes „außerdem" und des systematischen Zusammenhangs, dass Art. 19 Abs. 1 Satz 2 GG nach Art. 19 Abs. 1 Satz 1 GG steht, müssen für die Anwendung des Zitiergebots auch die Voraussetzungen des Art. 19 Abs. 1 Satz 1 GG erfüllt sein. Art. 19 Abs. 1 Satz 1 GG sieht vor, dass „Soweit nach diesem Grundgesetz ein Grundrecht durch Gesetz oder auf Grund eines Gesetzes eingeschränkt werden kann", verlangt also eine Einschränkung durch das jeweilige Grundrecht. Art. 12 Abs. 1 Satz 2 GG sieht jedoch keine derartige Einschränkung, sondern vielmehr eine Regelbarkeit der Berufsausübung vor. Regelbarkeit ist vom Wortlaut her etwas anderes als Einschränkung, so dass aus Rechtsgründen das Zitiergebot aus Art. 19 Abs. 1 Satz 2 GG bei Art. 12 Abs. 1 GG keine Anwendung findet.

(2) Grundsatz der Verhältnismäßigkeit aus Art. 20 Abs. 3 GG

Weiterhin müsste § 2 des Tankstellengesetzes auch dem Grundsatz der Verhältnismäßigkeit aus Art. 20 Abs. 3 GG entsprechen.

Die Prüfung der Verhältnismäßigkeit hat bei der Prüfung des Art. 12 Abs. 1 GG eine Modifikation durch die sog. Drei-Stufen-Theorie erfahren. Hintergrund ist, dass der Gesetzgeber mit ganz unterschiedlicher Intensität in das Grundrecht auf Berufsfreiheit eingreifen kann, nämlich durch Berufsausübungsregelungen (Stufe 1) und durch Berufswahlregelungen (Stufe 2 und 3). Hierbei sind die Anforderungen an den geforderten Zweck umso höher, je schwerer der Grundrechtseingriff wiegt.

Demnach ist zunächst zu prüfen, ob es sich bei § 2 des Tankstellengesetzes um eine Berufsausübungsregelung oder um eine Berufswahlregelung handelt. Berufsausübungsregelungen sind dadurch gekennzeichnet, dass sie das „Wie", die Art und Weise der beruflichen Betätigung zum Gegenstand haben, wobei es bei Berufswahlregelungen um das „Ob" der beruflichen Betätigung geht.

§ 2 des Tankstellengesetzes sieht keine Qualifikationsanforderungen vor, unter welchen Voraussetzungen eine Tankstelle betrieben werden darf. Vielmehr regelt § 2 des Tankstellengesetzes, dass frische Lebensmittel nur verpackt verkauft werden dürfen. Damit wird nicht das „Ob" der beruflichen Tätigkeit des Betriebs einer Tankstelle überhaupt, sondern die Art und Weise des Verkaufs und somit das „Wie" der Tätigkeit geregelt. § 2 des Tankstellengesetzes stellt somit eine Berufsausübungsregelung dar.

Berufsausübungsregelungen stehen auf Stufe 1 der Drei-Stufen-Theorie und müssen als Zweck auf vernünftige Erwägungen des Gemeinwohls gerichtet sein.

Als Zweck verfolgt § 2 des Tankstellengesetzes das Ziel, die Gesundheit der Bevölkerung zu schützen. Der Verkauf von Lebensmitteln erfordert zusätzlich verstärkte Hygieneanforderungen, die bei Tankstellen wegen der Emissionen schwer zu garantieren sind. Wenn diese Anforderungen nicht beachtet werden, ist die Gesundheit der Bevölkerung gefährdet. Der Schutz der Volksgesundheit gemäß Art. 2 Abs. 2 Satz 1

GG stellt zweifelsohne eine vernünftige Erwägung des Gemeinwohls dar, so dass die geforderten Anforderungen an den Zweck gegeben sind.

Zudem müsste § 2 des Tankstellengesetzes geeignet sein. Eine Maßnahme ist geeignet, wenn sie den Zweck zumindest fördert. Wenn frische Lebensmittel nur verpackt verkauft werden, können diese Lebensmittel nicht mit gesundheitsbeeinträchtigenden Emissionen kontaminiert werden.

Folglich wird der Zweck, Schutz der Volksgesundheit, gefördert und die Maßnahme ist geeignet.

Weiterhin müsste § 2 des Tankstellengesetzes auch erforderlich sein. Eine Maßnahme ist erforderlich, wenn sie unter gleich geeigneten Maßnahmen die mildeste Maßnahme ist.

Durch § 2 des Tankstellengesetzes wird lediglich der Verkauf von frischen Lebensmitteln auf der Stufe der Berufsausübungsregelungen (Stufe 1) geregelt. Insofern ist eine gleich geeignete und mildere Maßnahme nicht ersichtlich. Somit ist die Maßnahme auch erforderlich.

Abschließend ist zu prüfen, ob § 2 des Tankstellengesetzes auch angemessen ist. Eine Maßnahme ist angemessen, wenn im Rahmen einer Güterabwägung die Nachteile für die von der Maßnahme Betroffenen nicht außer Verhältnis zu den Vorteilen für die Allgemeinheit stehen.

Der Nachteil für die von § 2 des Tankstellengesetzes betroffenen Tankstellenbetreiber besteht darin, dass sie frische Lebensmittel mit finanziellem Aufwand nur verpackt verkaufen dürfen. Damit geht ein Eingriff in das Grundrecht aus Art. 12 Abs. 1 GG einher.

Dem gegenüber bestehen die Vorteile für die Allgemeinheit in dem Schutz der Volksgesundheit, welche auch durch Art. 2 Abs. 2 Satz 1 GG als Rechtsgut geschützt wird.

Im Ramen der Güterabwägung ist zu berücksichtigen, dass es sich bei dem durch Art. 2 Abs. 2 Satz 1 GG geschützten Rechtsgut um ein Rechtsgut mit Verfassungsrang handelt. Auf der anderen Seite ist der Eingriff auf dem Niveau einer Berufsausübungsregelung auf Stufe 1 und demnach gering, zumal er sich inhaltlich auch nur auf den Verkauf von frischen Lebensmitteln bezieht. Somit stehen die Nachteile für die von der Maßnahme Betroffenen auch nicht außer Verhältnis zu den Vorteilen für die Allgemeinheit.

Insgesamt bleibt somit festzustellen, dass die Maßnahme auch angemessen ist. Somit entspricht § 2 des Tankstellengesetzes auch dem Grundsatz der Verhältnismäßigkeit aus Art. 20 Abs. 3 GG.

§ 2 des Tankstellengesetzes ist demnach auch materiell und somit auch insgesamt verfassungsgemäß.

4. Ergebnis
Somit ist der Eingriff in den Schutzbereich des Art. 12 Abs. 1 GG verfassungsrechtlich gerechtfertigt.

Ulrich Unsinn (U) wird durch § 2 des Tankstellengesetzes nicht in seinem Grundrecht auf Berufsfreiheit aus Art. 12 Abs. 1 GG verletzt.

II. Verletzung des Grundrechts aus Art. 2 Abs. 1 GG
Ulrich Unsinn (U) könnte durch § 2 des Tankstellengesetzes in seinem Grundrecht auf freie Entfaltung der Persönlichkeit aus Art. 2 Abs. 1 GG verletzt sein.

Dann müsste ein Eingriff in den Schutzbereich des Art. 2 Abs. 1 GG vorliegen, der verfassungsrechtlich nicht gerechtfertigt ist.

1. Schutzbereich
Zunächst müsste der Schutzbereich des Art. 2 Abs. 1 GG eröffnet sein. Dieser gliedert sich in den persönlichen und sachlichen Schutzbereich.

a) Persönlicher Schutzbereich
Zunächst müsste der persönliche Schutzbereich eröffnet sein. Art. 2 Abs. 1 GG schützt „Jeden", ist somit ein Menschenrecht, auf das sich U als natürliche Person berufen kann.

Der persönliche Schutzbereich ist eröffnet.

b) Sachlicher Schutzbereich
Darüber hinaus müsste auch der sachliche Schutzbereich eröffnet sein. Art. 2 Abs. 1 GG schützt die freie Entfaltung der Persönlichkeit. Gemeint ist hier die allgemeine Handlungsfreiheit. Hierunter versteht man jedes menschliche Verhalten, das nicht in den (sachlichen) Schutzbereich eines besonderen Freiheitsgrundrechts fällt.

Der Betrieb einer Tankstelle stellt menschliches Verhalten dar. Allerdings fällt der Betrieb einer Tankstelle, wie unter I.1.b) zuvor geprüft, in den (sachlichen) Schutzbereich des besonderen Freiheitsgrundrechts der Berufsfreiheit aus Art. 12 Abs. 1 GG.

Folglich ist der sachliche Schutzbereich des Art. 2 Abs. 1 GG nicht eröffnet.

Demnach ist der Schutzbereich des Art. 2 Abs. 1 GG insgesamt nicht eröffnet.

2. Ergebnis
Ulrich Unsinn (U) wird durch § 2 des Tankstellengesetzes nicht in seinem Grundrecht auf freie Entfaltung der Persönlichkeit aus Art. 2 Abs. 1 GG verletzt.

III. Endergebnis
Ulrich Unsinn (U) wird durch § 2 des Tankstellengesetzes nicht in seinen Grundrechten verletzt.

Anmerkungen zum Lösungsvorschlag

Die vom BVerfG entwickelte sog. Drei-Stufen-Theorie ergänzt die Prüfung der Verhältnismäßigkeit dergestalt, dass umso höhere Anforderungen an den geforderten Zweck der Maßnahme gestellt werden, je intensiver der Grundrechtseingriff erfolgt. Ebenso könnte man diese Überlegungen auch bereits bei der Prüfung des Eingriffs berücksichtigen, indem man die Prüfung des Eingriffs bei Art. 12 GG mit der Unterscheidung zwischen Berufsausübungsregelungen und Berufswahlregelungen vornimmt, da ein Eingriff in den Schutzbereich des Art. 12 Abs. 1 GG nur in diesen beiden Formen möglich ist.

Schließlich ist es auch möglich die Verhältnismäßigkeit zunächst bis zur Prüfung der Angemessenheit „ganz normal" vorzunehmen und den Besonderheiten der Drei-Stufen-Theorie dann erst bei der Prüfung der Angemessenheit Rechnung zu tragen.

Da es sich vorliegend um eine Berufsausübungsregelung und damit immer um einen Eingriff auf Stufe 1 handelt, sind weitergehende Ausführungen zu den Berufswalregelungen in Form von subjektiven Zulassungsschranken (Stufe 2) und objektiven Zulassungsschranken (Stufe 3) entbehrlich.

Darüber hinaus war zu erkennen, dass hier zwei Grundrechte, nämlich Art. 12 Abs. 1 GG – als besonderes Freiheitsgrundrecht – und Art. 2 Abs. 1 GG – als allgemeines Freiheitsgrundrecht – betroffen sein könnten und diese entsprechend dem Lex specialis-Grundsatz – das besondere Freiheitsgrundrecht (aus Art. 12 Abs. 1 GG) ist immer vor dem allgemeinen Freiheitsgrundrecht (aus Art. 2 Abs. 1 GG) zu prüfen – zu prüfen sind.

Die Prüfung des Art. 14 Abs. 1 GG ist durch den Bearbeitungshinweis ausgeschlossen worden, so dass sich Ausführungen hierzu erübrigen.

3 Prüfungsschemata

Um die Lösung der in diesem Buch bearbeiteten Fälle noch besser nachvollziehen zu können, finden Sie im Folgenden die zugrundeliegenden Prüfungsschemata unkommentiert abgedruckt. Es wird darauf hingewiesen, dass in der juristischen Fachliteratur auch anderweitige Prüfungsschemata / Prüfungspunkte zu den einzelnen Fachgebieten zu finden sind. Insofern handelt es sich hier lediglich um Vorschläge zur Vorgehensweise zur Lösung der juristischen Fallgestaltungen.

3.1 ALLGEMEINES VERWALTUNGSRECHT

3.1.1 Rechtmäßigkeit eines VA

I Ermächtigungsgrundlage (EGL)

1. Erforderlichkeit einer EGL
   (siehe Gesetzesvorbehalt, Erinnerung: Rückführbarkeit auf ein formelles Gesetz)
2. Auswahl der EGL (lex specialis)
3. Wirksamkeit der EGL (Gesetz ordnungsgemäß zustande gekommen?)

II. Formelle Rechtmäßigkeit

1. **Zuständigkeit** (sachlich, örtlich, instanziell)
2. **Verfahren** (§§ 9 ff. VwVfG NRW)
   a) Beteiligten-, Handlungsfähigkeit, §§ 11 – 13 VwVfG NRW
   b) Ausschluss wegen Befangenheit, §§ 20, 21 VwVfG NRW
   c) Beginn des Verwaltungsverfahrens, § 22 VwVfG NRW
   d) Untersuchungsgrundsatz, § 24 VwVfG NRW
   e) Anhörung, § 28 VwVfG NRW

Weg zum VA

3. **Form**
   a) Formfreiheit, § 37 Abs. 2 VwVfG NRW
   b) Begründung, § 39 VwVfG NRW
4. Ordnungsgemäße **Bekanntgabe**
   Gegenüber dem Beteiligten nach § 41 Abs. 1 VwVfG NRW, damit der Verwaltungsakt wirksam wird, § 43 Abs. 1 VwVfG NRW

Existiert der VA?

III. Materielle Rechtmäßigkeit

1. **Tatbestandsvoraussetzungen** der EGL
   Ggf. Auslegung unbestimmter Rechtsbegriffe
2. **Rechtsfolge** der EGL
   Gebundene Entscheidung oder Ermessen, § 40 VwVfG NRW
   (Verhältnismäßigkeitsprüfung)
3. (Allgemeine Rechtmäßigkeitsvoraussetzungen
   Ggf. Bestimmtheitsgrundsatz nach § 37 Abs. 1 VwVfG NRW beachten und tatsächliche und rechtliche Unmöglichkeit prüfen)

3.1.2 Anfechtungsklage

Die Anfechtungsklage hat Erfolg, wenn sie zulässig und begründet ist.

A. Zulässigkeit

I. Eröffnung des Verwaltungsrechtswegs
Aufdrängende Sonderzuweisung (z.B. § 54 Abs. 1 BeamtStG)
Ansonsten: Generalklausel, § 40 Abs. 1 Satz 1 VwGO
Keine abdrängende Sonderzuweisung (z.B. § 68 OWiG)

II. Statthafte Klageart, Klagebegehren § 88 VwGO
Klageziel Aufhebung eines belastenden VA? (kurz prüfen, ob ein VA vorliegt)

III. Klagebefugnis, § 42 Abs. 2 VwGO
Geltendmachung einer Rechtsverletzung (Adressatentheorie)

IV. Vorverfahren, § 68 VwGO (kein Widerspruchsverfahren nach § 110 JustG NRW)

V. Klagefrist, § 74 Abs. 1 VwGO

VI. Klagegegner, § 78 Abs. 1 Nr. 1 VwGO, Rechtsträger der Ausgangsbehörde

VII. Zuständigkeit des Gerichts
Örtlich: § 52 Nr. 1–5 VwGO, § 17 JustG NRW
Sachlich: § 45 VwGO

VIII. Ordnungsgemäße Klageerhebung, § 81 VwGO („Wer will was von wem?")

IX. Beteiligtenfähigkeit, § 61 VwGO

X. Prozessfähigkeit, § 62 VwGO

XI. Postulationsfähigkeit, § 67 Abs. 1 VwGO (kein Anwaltszwang vor VG)

XII. Allgemeines Rechtsschutzbedürfnis

B. Begründetheit

Die Anfechtungsklage ist nach § 113 Abs. 1 Satz 1 VwGO begründet, wenn der VA rechtswidrig ist und der Betroffene dadurch in seinen Rechten verletzt ist.

I. Rechtswidrigkeit des VA
   1. EGL
   2. Formelle RMK
   3. Materielle RMK
      a. Tatbestandsvoraussetzungen der EGL
      b. Rechtsfolge, Ermessensfehler?

II. Rechtsverletzung
Spezielles Grundrecht oder zumindest Art. 2 Abs. 1 GG
Bei Dritten ggf. Verstoß gegen drittschützende Norm oder Grundrecht

3.2 RECHT DER GEFAHRENABWEHR

3.2.1 Rechtmäßigkeit einer OV nach § 14 Abs. 1 OBG NRW

Die Ordnungsverfügung ist rechtmäßig, wenn sie auf einer wirksamen Ermächtigungsgrundlage beruht und formell sowie materiell rechtmäßig erlassen wurde.

I. Ermächtigungsgrundlage
Mangels spezialgesetzlicher Ermächtigungsnormen oder Standardermächtigungen kommt hier die Generalklausel nach § 14 Abs. 1 OBG NRW als Ermächtigungsgrundlage in Betracht.

II. Formelle Rechtmäßigkeit

1. **Zuständigkeit**
   a) Sachliche / instanzielle:
   - Gefahrenabwehr durch Ordnungsbehörden, § 1 Abs. 1 OBG NRW
   - örtliche Ordnungsbehörde, § 5 Abs. 1 OBG NRW
   - Gemeinden, § 3 Abs. 1 OBG NRW

   b) Örtliche:
   - In deren Bezirk die zu schützenden Interessen liegen, § 4 Abs. 1 OBG NRW

2. **Verfahren** (Ordnungsverfügung ist Verwaltungsakt i.S.d. § 35 Satz 1 VwVfG NRW, es gelten die allgemeinen Bestimmungen des VwVfG NRW)
   - Anhörung, § 28 Abs. 1 VwVfG NRW
   - Ggf. Ausschluss wegen Befangenheit, §§ 20, 21 VwVfG NRW

3. **Form**
   - Grundsätze: §§ 37, 39 VwVfG NRW
   - i.d.R. schriftlich, § 20 Abs. 1 OBG NRW

4. **Bekanntgabe** nach §§ 41 Abs. 1, 43 Abs. 1 VwVfG NRW

III. Materielle Rechtmäßigkeit

1. **Voraussetzungen** der EGL § 14 Abs. 1 OBG NRW
   a) Öffentliche Sicherheit oder Ordnung tangiert?
   Öffentliche Sicherheit = Unverletzlichkeit der Rechtsordnung, subjektive Rechte und Rechtsgüter des Einzelnen, Funktionsfähigkeit der Einrichtungen des Staates und seiner Veranstaltungen

   Öffentliche Ordnung = ungeschriebene Regeln, die nach herrschender Anschauung unerlässlich für das menschliche Zusammenleben sind (i.d.R. subsidiär gegenüber Rechtsgüter der öffentlichen Sicherheit)

   b) Konkrete Gefahr für dieses Rechtsgut?
   Konkrete Gefahr = in absehbarer Zeit tritt mit hinreichender Wahrscheinlichkeit ein Schaden für ein betroffenes Rechtsgut ein

2. **Störereigenschaft**, §§ 17–19 OBG NRW (richtiger Adressat der Ordnungsverfügung?) Verhaltens-/Handlungsstörer, Zustandsstörer, Nichtstörer → Störerauswahl

3. **Rechtsfolge** Ermessen, § 15 OBG NRW
   a) Entschließung- und Auswahlermessen
   b) Verhältnismäßigkeit, § 15 OBG NRW

3.2.2 Kostenbescheid

I. Ermächtigungsgrundlage (EGL)

§§ 77, 55 Abs. 1 oder Abs. 2, 57 ff. VwVG NRW i.V.m. z.B. § 15 Abs. 1 Nr. 7, § 20 Abs. 2 Nr. 7 VO VwVG NRW

II. Formelle RMK

1. Zuständigkeit, § 77 Abs. 1 Satz 2 VwVG NRW
2. Verfahren (Anhörung, § 28 Abs. 1 VwVfG NRW)
3. Form (schriftlich, § 77 Abs. 4 VwVG NRW, § 14 Abs. 1 Satz 3 GebG NRW, Begründung, § 39 VwVfG NRW)

III. Materielle RMK

Der Kostenbescheid ist materiell rechtmäßig, wenn sowohl die ihm zugrundeliegende Anwendung eines Zwangsmittels (Primärebene der Gefahrenabwehr) als auch der Kostenbescheid selbst (Sekundärebene) rechtmäßig ist.

1. Rechtmäßigkeit der Zwangsmittelanwendung (Primärebene)

Keine Kosten für rw angewendete Zwangsmittel

a) EGL, § 55 Abs. 1 (gestrecktes Verfahren) oder Abs. 2 (Sofortvollzug), §§ 57 ff. VwVG NRW

b) Formelle RMK
- ✓ Zuständigkeit, § 56 Abs. 1 VwVG NRW
- ✓ Verfahren (Anhörung gemäß § 28 Abs. 2 Nr. 5 VwVfG NRW entbehrlich)

c) Materielle RMK

aa) TB-Voraussetzungen § 55 Abs. 1 oder Abs. 2 VwVG NRW

Bei § 55 Abs. 1 VwVG NRW:
- ✓ rm HDU GrundVA (EGL, formelle und materielle RMK)
- ✓ Unanfechtbarkeit des GrundVA *oder* Rechtsmittel keine aufschiebende Wirkung

Bei § 55 Abs. 2 VwVG NRW:
- ✓ Abwehr einer gegenwärtigen Gefahr
- ✓ Notwendigkeit des Sofortvollzuges
- ✓ Handeln innerhalb der Befugnisse (rm fiktiver HDU GrundVA)

bb) ordnungsgemäßes Vollstreckungsverfahren
- ✓ zugelassenes Zwangsmittel, § 57 VwVG NRW
- ✓ Androhung (im Sofortvollzug nach § 63 Abs. 1 Satz 5 VwVG NRW entbehrlich)
- ✓ Festsetzung (im Sofortvollzug nach § 64 Satz 2 VwVG NRW entbehrlich)
- ✓ Ermessen

2. Rechtmäßigkeit des Kostenbescheides (Sekundärebene)

a) TB-Voraussetzungen § 77 VwVG NRW i.V.m. VO VwVG, (z.B. § 15, § 20 Abs. 2 Nr. 7 VO VwVG NRW), Höhe, Pflichtiger

b) gebundene Entscheidung, aber VHMK

3.3 KOMMUNALRECHT

3.3.1 Zulässigkeit eines Bürgerbegehrens

Das Bürgerbegehren ist zulässig, wenn die formellen und materiellen Voraussetzungen vorliegen.

A. Formelle Voraussetzungen

(+), wenn nachfolgende Anforderungen erfüllt sind:

I. Antrag für das Bürgerbegehren, § 26 Abs. 1 Satz 1 GO NRW
II. Textform, § 26 Abs. 2 Satz 2 GO NRW i.V.m. § 126b BGB
III. Bestimmtes Begehren, § 26 Abs. 2 Satz 1 GO NRW i.V.m. § 26 Abs. 7 Satz 1 GO NRW
IV. Begründung, § 26 Abs. 2 Satz 1 GO NRW
V. Benennen der Vertreter, § 26 Abs. 2 Satz 1 GO NRW
VI. Transparenzpflichten, § 26a GO NRW
VII. Kostenschätzung, § 26 Abs. 2 Satz 5 GO NRW
VIII. Unterschriftenquorum, § 26 Abs. 4 GO NRW
IX. Bei Bürgerbegehren gegen einen Ratsbeschluss (sog. Kassatorisches Bürgerbegehren): Frist des § 26 Abs. 3 Satz 1, 2 GO NRW beachten!
X. Kein Ausschluss nach § 26 Abs. 5 GO NRW

B. Materielle Voraussetzungen

(+), wenn eine Angelegenheit des Gemeinderats vorliegt.
Dies ist bei jeder Angelegenheit der Fall, für die

I. Die Gemeinde die Verbandskompetenz nach Art. 28 Abs. 2 Satz 1 GG und
II. der Rat die Organkompetenz nach § 41 GO NRW besitzt.

C. Ergebnis

3.3.2 Rechtmäßigkeit eines Ratsbeschlusses

Der Ratsbeschluss unter TOP (…) vom (Datum) ist rechtmäßig, wenn er formell und materiell rechtmäßig ist.

A. Formelle Rechtmäßigkeit

Der Ratsbeschluss ist formell rechtmäßig, wenn die Zuständigkeit vorliegt und der Ratsbeschluss unter TOP (…) in einem ordnungsgemäßen Verfahren zustande gekommen ist.

I. Zuständigkeit
   1. Verbandskompetenz der Gemeinde, Art. 28 Abs. 2 Satz 1 GG
   2. Organkompetenz des Rates, § 41 GO NRW

II. Verfahren
   1. Ordnungsgemäße Einberufung des Rates durch den Bürgermeister, § 47 Abs. 1 Satz 1 GO NRW
   2. Festsetzung der Tagesordnung durch den Bürgermeister, § 48 Abs. 1 Satz 1 GO NRW
   3. Öffentlichkeit der Ratssitzung, § 48 Abs. 2 Satz 1 GO NRW
      Kann i.d.R. mangels entgegenstehender Anhaltspunkte im SV unterstellt werden.
   4. Beschlussfähigkeit, § 49 Abs. 1 Satz 1 GO NRW
   5. Ordnungsgemäße Sitzungsleitung durch den Bürgermeister, § 51 Abs. 1 GO NRW
   6. Ordnungsgemäße Abstimmung, § 50 Abs. 1 Satz 3 GO NRW
   7. Erforderliche Mehrheit, § 50 Abs. 1 Satz 1 GO NRW
   8. Mitwirkungsverbot wegen Befangenheit; §§ 50 Abs. 6, 31 GO NRW
      (Nur zu prüfen, sofern der SV Anhaltspunkte hierfür liefert.)

B. Materielle Rechtmäßigkeit

I. Voraussetzungen nach Spezialgesetz, sofern ein solches einschlägig ist

II. Kein Verstoß gegen höherrangiges Recht

III. Allgemeine Rechtmäßigkeitsvoraussetzungen, insb.
   1. Bestimmtheit
   2. Verhältnismäßigkeit

IV. Bei Ermessen: Keine Ermessensfehler

C. Ergebnis

3.4 STAATSRECHT (PRÜFUNG DER VERLETZUNG EINES FREIHEITSGRUNDRECHTS)

X könnte durch (staatliche Maßnahme) in seinem Grundrecht auf (…) aus Art. (…) GG verletzt sein. Dies ist der Fall, wenn ein Eingriff in den Schutzbereich des Art. (…) GG vorliegt, der verfassungsrechtlich nicht gerechtfertigt ist.

A. Schutzbereich

- I. Persönlicher Schutzbereich
- II. Sachlicher Schutzbereich

B. Eingriff

C. Verfassungsrechtliche Rechtfertigung

- I. Festlegung der Grundrechtsschranke
- II. Verfassungsmäßigkeit des einschränkenden Gesetzes
  - 1. Formelle Verfassungsmäßigkeit
  - 2. Materielle Verfassungsmäßigkeit
    - a) Besondere Anforderungen
      des qualifizierten Gesetzesvorbehalts oder der verfassungsimmanenten/verfassungsunmittelbaren Grundrechtsschranke.
      Entfällt beim einfachen Gesetzesvorbehalt.
    - b) Allgemeine Anforderungen
      (Sind nur zu thematisieren, sofern der SV in tatsächlicher oder rechtlicher Hinsicht Anlass dazu bietet.)
      - aa) Verbot des Einzelfallgesetzes, Art. 19 Abs. 1 Satz 1 GG
      - bb) Zitiergebot, Art. 19 Abs. 1 Satz 2 GG
      - cc) Wesensgehaltsgarantie, Art. 19 Abs. 2 GG
      - dd) Rückwirkung, Art. 20 Abs. 3 GG (Rechtsstaatsprinzip)
      - ee) Bestimmtheitsgrundsatz, Art. 20 Abs. 3 GG (Rechtsstaatsprinzip)
      - ff) Grundsatz der Verhältnismäßigkeit (des einschränkenden Gesetzes), Art. 20 Abs. 3 GG (Rechtsstaatsprinzip)
- III. Rechtmäßigkeit der konkreten Maßnahme
  (Nur zu prüfen, sofern eine solche, z.B. in Form eines VA vorliegt.)
  - 1. Formelle Rechtmäßigkeit
    Kann im Modul Staats- und Europarecht im VL II regelmäßig mangels entgegenstehender Anhaltspunkte im SV unterstellt werden.
    Ausführungen sind nur erforderlich, sofern der SV in tatsächlicher oder rechtlicher Hinsicht Anlass dazu bietet.
  - 2. Materielle Rechtmäßigkeit
    - a) Tatbestandsvoraussetzungen der Ermächtigungsgrundlage
      (Sofern nicht durch SV/Bearbeitungshinweis o.ä. vorgegeben.)
    - b) Grundsatz der Verhältnismäßigkeit (der konkreten Maßnahme)

D. Ergebnis

NOTIZEN